Pour Ilman le sage et son cousin Yaancoub
S. C.


87, quai Panhard-et-Levassor - 75647 Paris Cedex 13
www.editions.flammarion.com

Conception graphique et mise en pages : Frédérique Deviller et Père Castor
Imprimé en France en juillet 2011 par Edelvives, Espagne

Dépôt légal : août 2011 - ISBN : 978-2-0812-4528-0
L.01EJDN000570.N001

Loi n°49-956 du 16 juillet 1949 sur les publications destinées à la jeunesse

# LE LIVRE QUI FAIT PARLER les parents et les enfants

de 7 à 10 ans

Sophie Coucharrière
Illustrations de Manu Boisteau

Père Castor • Flammarion

## REMERCIEMENTS

Merci à l'école Joliot-Curie de Pessac et au centre d'animation Saint-Pierre à Bordeaux pour leur accueil.

Un immense merci aux enfants des classes de Sylvie, Marie et Christine.

Mes remerciements chaleureux à Emma et Octavio, Ilman et Yaancoub, Pierre et Églantine, Jeanne et Assia, Roman, Morgan, Tony, Miriam, Maxence, Clotilde, Paulina, Taïssa, Sacha, Hugo, Corentin, Amed, Baptiste, Léon.

Merci à mes amies Michèle et Sophie pour leur fidèle soutien.

L'auteur

# Rejoindre les « grands »

« Vous rappelez-vous comme votre vie aspirait à sortir de l'enfance et à rejoindre les "grands" ? » J'aime cette phrase de l'écrivain Rainer Maria Rilke (dans *Lettres à un jeune poète*). Elle invite à se souvenir de ce que nous éprouvions quand nous étions enfants.

J'ai écrit ce livre à l'intention de tous les enfants curieux, de 7 à 10 ans, qui grandissent en se posant des tas de questions sur la vie et le monde qui les entoure. À l'intention aussi des parents qui n'ont pas oublié leur enfance et qui ont envie de partager le ressenti de leurs enfants.
Mon travail s'est nourri de grands moments de discussion avec des filles et des garçons de cet âge, en classe, au centre de loisirs, dans leur quotidien. Leurs réflexions ont enrichi chaque chapitre de cet ouvrage.

C'est un livre qui parle d'eux, de leur regard sur les autres et sur la vie.
C'est un livre pour aider à se connaître, à mieux vivre ensemble, à comprendre et à interroger le monde.
C'est un livre qui aimerait inviter à agir, à se montrer actif pour ne pas subir !
C'est un livre qui peut permettre aux enfants et aux parents d'échanger sur des sujets à propos desquels on croit tout savoir.
C'est un livre pour s'interroger. Afin de mieux grandir.

Bonne lecture à tous !

**Sophie Coucharrière**

Grandir, quel chantier ! page 8

Un air de famille page 20

Les copains d'abord ! page 32

Aaaah, l'amour... page 44

À quoi ça sert d'apprendre ? page 56

**Stop à la violence !** page 68

**C'est pas juste !** page 80

**Beau ou pas beau : qui décide ?** page 92

**Allô, la Terre ?** page 104

**La grande question** page 116

POURQUOI J'AI DES COPAINS
PLUS GRANDS EN TAILLE QUE MOI ?

POURQUOI, QUAND ON GRANDIT, LES
FILLES COMMANDENT LES GARÇONS ?

EST-CE QUE MA TÊTE GRANDIT
COMME MON CORPS ?

QU'EST-CE QUE ÇA VEUT DIRE « ÊTRE GRAND » ?

EST-CE QUE MA TÊTE GRANDIT
COMME MON CORPS ?

COMMENT SAIT-ON
QUE L'ON GRANDIT ?

COMMENT SAIT-ON
QUE L'ON GRANDIT ?

POURQUOI IL FAUT
ATTENDRE « D'ÊTRE

EST-CE QUE GRANDIR, ÇA VEUT DIRE QU'ON CHANGE DE GOÛTS ?

COMMENT ON SENT QU'ON GRANDIT ?

COMMENT
ON SENT QU'ON
GRANDIT ?

EST-CE QU'ON A LE DROIT DE TOUT
FAIRE QUAND ON EST GRAND ?

POURQUOI J'AI
DES COPAINS PLUS
GRANDS EN TAILLE
QUE MOI ?

POURQUOI, QUAND ON GRANDIT,
LES FILLES COMMANDENT LES GARÇON

EST-CE QUE MA TÊT
GRANDIT COMME
MON CORPS ?

POURQUOI IL FAUT TOUJOURS ATTENDRE « D'ÊTRE GRAND » ?

EST-CE QU'ON A LE DROIT DE TO
QUAND ON EST GRAND ?

EST-CE QUE MA TÊTE GRANDIT
COMME MON CORPS ?

POURQUOI IL FAUT TOUJOURS
ATTENDRE « D'ÊTRE GRAND » ?

# GRANDIR, QUEL CHANTIER !

## On en parle à la récré...

# Morgan, Églantine, Emma, Octavio, Hugo, Paul et Roman se demandent ce que veut dire “grandir”. Sont-ils heureux de grandir, eux ?

C’est comme si tu t’étirais : ta taille devient plus grande, ton âge aussi.
Hugo

« Des fois, on a mal au tibia ou au coude, comme si on sentait les os pousser ! »
Emma

« On grandit jusqu’à ce qu’on soit mort, en fait. On grandit jusqu’au bout. »
Roman

Quand on est grand, on peut faire ce qu’on veut. On est libre ! Mais on a aussi des responsabilités.
Morgan

« Le temps qui passe nous fait grandir. On est un peu comme des fleurs, on pousse, avec le soleil et la pluie... »
Emma

« Moi, je n'aime pas grandir…
J'aime bien ma vie en ce moment, je n'ai pas envie de changer ! »

Octavio

Ce qui est bien, c'est de ne pas grandir d'un coup, d'avoir le temps. Parce qu'après, il n'y a plus personne pour s'occuper de nous.

Paul

« Le truc embêtant quand on grandit, c'est qu'on n'est pas sûr de garder ses copines. »

Églantine

« J'aimerais bien avoir 14 ans, parce que j'aurais des choses d'adolescent, un ordinateur et un portable. »

Roman

# COMMENT SAIT-ON QUE L'ON GRANDIT ?

## Au secours, tout pousse !

On grandit en taille et en poids : les bras, les jambes, les pieds... tout s'allonge ! Les chaussures sont trop petites, les manches des manteaux et les jambes des pantalons deviennent trop courtes. Les dents de lait tombent – d'abord les incisives, puis les canines et les molaires – chassées par les dents définitives qui poussent pour les remplacer.

### CITATION

**« Je sais qui j'étais quand je me suis levée ce matin, mais j'ai dû, je crois, me transformer plusieurs fois depuis lors. »**
(Lewis Carrol, *Alice au Pays des Merveilles*)

## On devient raisonnable

On commence à pouvoir sortir tout seul dans la rue. Les parents nous font davantage confiance. On connaît un peu mieux la vie. On peut garder un petit frère ou une petite sœur, on devient plus « responsable ». On grandit en sagesse. Sept ans, on dit que c'est l'« âge de raison ».

**apprend des choses nouvelles** À l'école,
isse dans la classe supérieure, on apprend une autre
ue, souvent l'anglais, l'espagnol ou l'allemand. Dans toutes
natières, on apprend de nouvelles choses, plus précises,
complexes. Nos connaissances s'enrichissent.
e pose aussi des questions qu'on ne se posait pas avant
ios parents, sur le monde, sur la famille. Pourquoi y a-t-il
pauvres ? Pourquoi la Terre existe ? Qu'est-ce que je fais là ?

## Plus grand dans la tête

Nos goûts évoluent, on n'aime plus les affaires de « bébé ». On veut des choses de « grands ». Nos envies sont différentes. On change de jeux, de vocabulaire, d'apparence. On ne croit plus au Père Noël, ni au Marchand de sable ou à la Petite Souris...

**On est moins chouchouté** Finie l'histoire du soir ! On lit tout seul dans son lit avant de s'endormir. Parfois, les parents nous câlinent moins. On n'a plus le droit de monter sur le toboggan du parc réservé aux petits...

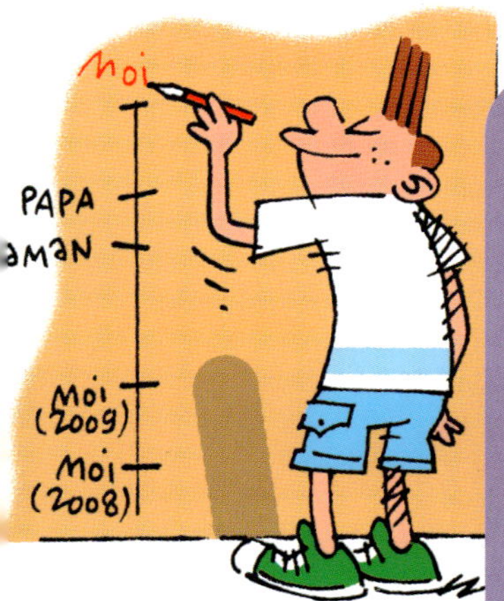


## IDÉE BRICO

### Fabrique une toise !

**Avec l'accord de tes parents, choisis un mur uni dans la maison (dans la cuisine par exemple). Une fois par mois, chaque enfant de la famille marque sa taille sur ce mur, d'un trait de crayon. À côté, il inscrit son prénom et la date (les parents peuvent inscrire leur taille, comme un repère à dépasser !). On peut aussi marquer la taille de ses cousins de passage, ou de sa grand-mère qu'on rattrape...**

# POURQUOI ON N'EST PAS TOUS PAREIL ?

## On grandit tous...

De 0 à 18 ans, tous les enfants grandissent en poids et en taille, chaque mois, chaque année. On appelle ce développement « la courbe de croissance ». Entre 7 et 11 ans, on peut grandir de 5 à 6 cm par an. On grandit encore davantage à l'adolescence. Vers 18 ans (parfois avant, surtout chez les filles), on a fini de grandir, on a atteint sa taille adulte.

**DICO**

**Hérédité**

**C'est la transmission de certaines caractéristiques, physiques ou morales, des parents (ou de plus lointains ancêtres) aux enfants. On peut ainsi hériter d'un grain de beauté sur la fesse, qui se transmet de génération en génération dans la famille ; ou bien d'un don pour la musique, qui vient d'un arrière-grand-père musicien...**

## ... mais on ne grandit pas tous de la même façon

Notre taille dépend en partie de la taille de nos parents. On dit qu'il existe une part d'hérédité dans la taille. Mais la taille dépend aussi d'autres gènes. C'est pourquoi, dans une même famille et au même âge, on peut trouver des enfants plus petits et d'autres plus grands.

**Bien manger pour bien grandir** Notre taille dépend en partie de ce que nous mangeons. En mangeant un peu de tout et en choisissant une nourriture équilibrée (pas trop de sucres, ni trop de graisses), notre corps a toutes les chances de grandir harmonieusement, en faisant provision de vitamines et d'énergie.

## Vive le sommeil !

Quand on dort, notre corps et notre cerveau font le plein d'énergie. On ne peut pas bien grandir si l'on est tout le temps fatigué ! Il est essentiel de dormir huit ou neuf heures par nuit quand on est enfant, pour être capable d'attention, de mémoire et d'efforts physiques pendant la journée.

### LE SAIS-TU ?

**Des os à ne pas ronger !**

**Les os grandissent surtout pendant l'enfance : c'est le cartilage des extrémités (appelé « cartilage de croissance ») qui s'étire et se transforme en os. Pour que les os grandissent bien, il faut avoir une alimentation suffisante et équilibrée.**

## Tous différents

Dans la vie, il y a des grands et des petits. Et c'est tant mieux. Nous sommes tous différents physiquement, comme de caractère. C'est pour cela que chacun est unique et irremplaçable...

# QUAND DEVIENT-ON "GRAND" ?

## C'est quoi un adulte ?

Lorsqu'on parle d'une « grande personne », on désigne un adulte. Être adulte, c'est avoir compris suffisamment de choses pour être responsable et autonome. Un adulte est capable de se débrouiller seul. Être adulte, c'est aussi avoir appris suffisamment de choses sur la vie et le monde qui nous entoure, pour être capable de d'exercer un métier et participer activement à la vie en société.



**Prendre le temps de grandir...** On ne grandit pas du jour au lendemain, heureusement ! La vie se déroule par étapes : on est d'abord bébé, puis enfant, puis adolescent, avant d'entrer dans l'âge adulte. Être grand, c'est déjà avoir vécu un peu longtemps. Il faut prendre le temps d'apprendre, d'expérimenter. On avance petit à petit. On a bien le temps d'être grand !

## Grandir, c'est s'ouvrir !

En grandissant, on comprend davantage de choses. Le corps grandit, mais ce sont aussi l'intelligence, les pensées, la sensibilité qui se construisent. Plus on grandit, plus on découvre la richesse et la diversité de la vie, du monde, des autres.

## Grandir pour agir

Quand on est enfant, on a des idées, des envies, des rêves. On peut y réfléchir, les faire pousser, bien les entretenir, comme des plantes dans un jardin. Et quand on est « grand », une fois qu'on y a bien pensé, on peut essayer de les réaliser !

## LE SAIS-TU ?

### Qu'est-ce que l'âge de la majorité ?

**L'âge de la majorité, c'est l'âge à partir duquel on devient pleinement responsable de ses actes et de ses engagements devant la loi. Avant, on est mineur, sous l'autorité de ses parents. Dans beaucoup de pays, comme en France, l'âge de la majorité est fixé à 18 ans. Mais la loi est différente selon les pays. Au Japon, on devient majeur à 20 ans, aux États-Unis, à 21 ans.**

## LA BONNE IDÉE

### Imagine !

**Quels sont tes rêves, tes envies, tes projets? Comment te vois-tu quand tu sera grand? Que feras-tu? Si tu prenais une feuille de papier, pour écrire (ou dessiner) ton portrait! Il pourrait commencer par : « Quand je serai grand, je.. »**

# Grandir, c'est...

Faire des choses nouvelles pour la première fois.

Être le plus fort et pouvoir écraser les petits !

Ne plus obéir à personne, faire ce qui me plaît, quand ça me plaît !

Changer de goûts, de copains, d'apparence... changer tout !

Sentir que les parents nous font davantage confiance.

Apprendre à mieux se connaître, prendre confiance en soi.

Se sentir pousser des ailes !

Se poser des questions qu'on ne se posait pas avant.

**Ne plus avoir besoin de ses parents, ni de personne.**

Sentir qu'on a plus de liberté.

**Apprendre à être patient, à ne pas vouloir tout, tout de suite.**

Se sentir capable de faire des choses plus difficiles.

Si tu as d'autres idées, complète sur une feuille de papier (ou dans un cahier) :
***« Pour moi grandir, c'est... »***

POURQUOI ON EST OBLIGÉ D'OBÉIR À SES PARENTS ?

EST-CE QUE MON MEILLEUR COPAIN PEUT FAIRE PARTIE DE MA FAMILLE ?

POURQUOI JE ME CHAMAILLE TOUT LE TEMPS AVEC MA SŒUR ?

POURQUOI MES PARENTS ME CRIENT DESSUS TOUT LE TEMPS ?

POURQUOI LA FAMILLE, PARFOIS, ON NE LA VOIT JAMAIS ?

POURQUOI LES PARENTS COLLENT LEURS ENFANTS ET NE LEUR LAISSENT PAS DE LIBERTÉ ?

POURQUOI ON N
PEUT PAS CHOIS
SA FAMILLE ?

POURQUOI ÇA EXISTE DE DIVORCER ?

POURQUOI ON NE PEUT PAS CHOISIR SA FAMILLE ?

POURQUOI LES PARENTS COLLENT LEURS ENFANTS ET NE LEUR LAISSENT PAS DE LIBERTÉ ?

POURQUOI ON EST OBLIGÉ D'OBÉIR À SES PARENTS ?

EST-CE QU'ON EST OBLI
D'AIMER SA FAMILLE !

EST-CE QU'ON EST OBLIGÉ D'AIMER SA FAMILLE ?

POURQUOI LES PARENTS COLLENT L
ET NE LEUR LAISSENT PAS DE LIBE

POURQUOI JE ME CHAMAILLE TOUT LE TEMPS AVEC MA SŒUR ?

EST-CE QUE MON MEILLEU
PEUT FAIRE PARTIE DE M

POURQUOI LA FAMILLE, PARFOIS, ON NE LA VOIT JAMAIS ?

POURQUOI ÇA EXISTE DE DIVORCER ?

EST-CE QU'ON EST OBLIGÉ D'AIMER SA FAMILLE

POURQUOI LES GRANDS FRÈRES FONT TOUJOURS LEUR BEAU ?

# UN AIR DE FAMILLE

## On en parle à la récré...

# Églantine, Emma, Octavio, Tony, Hugo, Pierre et Taïssa se demandent à quoi sert la famille. Pourraient-ils vivre sans leur famille ?

On a nos arrière-grands-parents, nos grands-parents, nos parents, ça fait tout une chaîne jusqu'à nous.
Taïssa

« Parfois, on ne connaît pas toute sa famille, il y en a qui habitent loin, ou qui n'ont pas le temps, ou qui sont séparés... on ne les voit jamais ! »
Hugo

« Ce sont les parents qui nous ont créés, sans eux, on n'existerait pas. »
Octavio

« On a besoin de sa famille, surtout quand on est petit. »
Églantine

« Ça sert à jouer aussi, la famille ! »
Tony

Quand les parents divorcent, c'est triste pour les enfants, ils ne se sentent plus comme d'habitude.
Pierre

« J'adore mes grands-parents, ils me gâtent beaucoup ! »
Tony

« Quand on a une belle-mère, ce n'est pas la vraie mère. C'est la nouvelle femme du père parce que les parents sont séparés. »
Octavio

« Quand on a une famille, on ne se sent pas seul. Si je n'avais pas un frère, je n'apprendrais pas à partager. »
Emma

# C'EST QUOI LA FAMILLE ?

**À l'origine...** Le mot famille vient du latin *familia*. Ce mot désigne des personnes qui vivent sous le même toit. Vivre en famille, cela veut donc dire vivre ensemble.

## Les mille visages de la famille

Une famille est formée d'au moins deux personnes : soit un couple, avec ou sans enfant ; soit un parent seul, avec un ou plusieurs enfants. Parents et enfants adoptés forment une vraie famille, même s'ils n'ont pas de lien biologique. Dans notre société aujourd'hui, la famille présente de multiples visages : elle peut réunir une famille « recomposée », avec un beau-père ou une belle-mère et des enfants issus de deux familles différentes ; elle réunit parfois deux adultes du même sexe et les enfants qu'ils élèvent.

## Qui fait partie de la famille ?

La famille au sens large réunit enfants, parents, grands-parents, oncles et tantes, cousins... Parfois, il y a des membres de notre famille que l'on ne connaît pas, parce qu'ils habitent loin, parce qu'on ne les voit jamais. On aimerait aussi que nos meilleurs amis fassent partie de notre famille. Devant la loi, c'est impossible, mais dans notre cœur, tout est possible ! On dit souvent que nos animaux familiers, les chats, les chiens, « font partie de la famille ». Parce qu'ils vivent avec nous et qu'on les aime !

## DICO

### Ascendants

**Les parents, les grands-parents, les arrière-grands-parents...**

### Descendants

**Les enfants, les petits-enfants, les arrière-petits-enfants...**

## À chacun son style !

Il y a des familles très organisées et d'autres qui le sont beaucoup moins ; des familles où l'on se couche tôt, d'autres où l'on dîne devant la télé ; des familles éparpillées et d'autres qui restent collées... Il n'existe pas de famille « modèle ». Heureusement ! La famille idéale est celle où chacun, adulte comme enfant, se sent respecté, aimé et en sécurité.

## La famille se construit

Quelle que soit la famille dans laquelle on grandit, les relations entre les parents et les enfants se construisent progressivement dans le temps. Ce sont des échanges, dans les deux sens, qui permettent de tisser des liens forts. Les enfants ont besoin des parents pour exister et grandir. Et les parents ont aussi besoin des enfants pour devenir parents.

## IDÉE BRICO

### Fais ton arbre généalogique

**Prends une grande feuille et inscris en bas, au centre, ton prénom, ton nom, et sur la même ligne ceux de tes frères et sœurs. Au dessus, relié à toi, tes parents. Au dessus de chacun de tes parents, leurs parents (tes grands-parents). Et encore au dessus, le nom de tes arrière-grands-parents...**

**Tu peux inscrire, si tu l'apprends, le lieu où ils sont nés, leur date de naissance (et de mort quand ils sont décédés), leur métier. Et récolter une photo pour la coller !**

# UNE FAMILLE POUR QUOI FAIRE ?

**Une famille pour être aimé** Dans sa famille, on se sent aimé, entouré, on n'est pas seul. On connaît ses parents depuis toujours, on a confiance en eux. On sait qu'ils sont là pour nous aider. Cela rend léger et joyeux de savoir qu'on a une famille sur laquelle on peut s'appuyer pour grandir.

**Une famille pour être protégé** Les parents doivent élever leurs enfants, les nourrir et les protéger. Ils en sont responsables jusqu'à ce que les enfants puissent eux-mêmes subvenir à leurs besoins. Un enfant ne peut pas bien grandir et se développer sans l'aide d'un adulte qui le protège.

**Une famille pour être éduqué** Les parents ont aussi le devoir d'éduquer leurs enfants : en famille, on apprend des règles de conduite, la politesse, le respect des autres, la solidarité.
La vie de famille prépare à la vie en société : à l'école, au centre de sport, dans la rue, il faut apprendre à vivre ensemble. Les parents racontent à leurs enfants ce qu'ils savent et aussi ce qu'ils apprécient le plus. Ils leur transmettent leur façon de voir le monde.

## LE SAIS-TU ?

### Proverbe africain

**En Afrique, la famille est comprise dans un sens très large : enfants, parents, grands-parents, oncles, tantes et cousins vivent parfois tous ensemble. Cette vie en communauté fait que chacun se sent en sécurité, tout le monde s'entraide. Un proverbe africain dit : « Il faut tout un village pour élever un enfant ».**

**Le rôle des parents** Les enfants n'arrêtent pas de se transformer jusqu'à l'âge adulte. Les parents doivent s'adapter, ils ont parfois du mal à suivre ! En grandissant, les enfants réclament plus de liberté, mais ils ne sont pas encore complètement grands ; les parents doivent continuer à les protéger, tout en respectant leur indépendance grandissante... Pas facile d'être parent !

**Des liens entre les générations** De nos jours, on vit plus longtemps. Trois ou quatre générations, parfois, se côtoient désormais dans une famille. Si les grands-parents n'habitent pas trop loin, ce sont souvent eux qu'on appelle pour garder les enfants ou aller les chercher à l'école quand les parents sont absents. Avec eux, les parents et les enfants se sentent en sécurité. De même, les parents et les enfants peuvent entourer et soutenir les grands-parents. Des liens de solidarité, d'amour et de respect se tissent entre les générations.

## LA BONNE IDÉE

### Enregistre tes grands-parents

**Ils ont vécu une autre époque, rencontré des gens que tu n'as pas connus. Demande-leur de te raconter leurs souvenirs, liés à ta famille et aux événements qui se déroulaient dans le monde quand ils étaient jeunes. Tu peux les enregistrer, pour garder le son de leur voix, bien vivant, toute ta vie.**

# FAMILLE : JE TE DÉTESTE, JE T'ADORE !

## On ne choisit pas sa famille

La vie de famille n'est pas toujours calme : chamailleries, jalousies ou grosses disputes... on voudrait quelquefois changer de famille ! C'est pourtant là qu'on apprend à s'écouter et à se faire entendre aussi ; à se soutenir et à s'affronter... La famille, c'est l'école de la vie.

## LA BONNE IDÉE

### Un souvenir drôle et émouvant

**Dans une famille, chacun a ses expressions (ou ses jurons !) favoris. Dans un carnet, note les bons mots des uns et des autres : l'expression préférée de ton père, de ta mère ; le gros mot favori de ton grand frère, les mots inventés par ta petite sœur. Attention, note exactement ce qu'ils disent. Dans quelques années, quand vous les relirez, cela vous rappellera des tas de souvenirs...**

## Personne n'est parfait

Quand on a 4 ou 5 ans, les parents sont nos héros, on rêve de leur ressembler. Puis en grandissant, on s'aperçoit que les parents ne sont pas parfaits : ils peuvent être injustes ou se mettre en colère, ils sont fatigués, ils ont leurs problèmes, leurs soucis. On n'a plus envie de faire toujours comme eux. Dans la famille, c'est comme dans la vie, personne n'est parfait. Ça n'empêche pas de s'aimer.

## Ras le bol des frères et sœurs !

On ne les choisit pas, pourtant on est obligé de cohabiter, parfois dans la même chambre, tous les jours. Normal qu'il y ait des disputes, des rivalités et des jalousies entre frères et sœurs ! Même si on a les mêmes parents, on n'a pas le même caractère. Dans la vie d'une fratrie, il y a des hauts et des bas : des jours où on est les meilleurs copains du monde, d'autres où on a envie de s'entretuer…

## Les parents divorcent

Il arrive dans une famille que les parents ne s'aiment plus. Ils décident de se séparer. Les enfants ont souvent l'impression d'être coupés en deux par le divorce des parents. Mais ils ne sont en rien responsables de ce que vivent les adultes. Et ce n'est pas parce que les parents divorcent que l'on perd sa mère, ou son père. Ils sont tous les deux nos parents pour la vie ! C'est pourquoi, si on doit vivre séparé, il est important de continuer à voir son parent avec qui on ne vit plus tous les jours.

## DICO

### Monoparental

**Une famille monoparentale, c'est une famille avec un parent seul qui élève ses enfants. En France, les familles monoparentales représentent 20 % des familles, soit une famille sur cinq. Dans la majorité de cas, c'est la mère qui élève seule les enfants.**

### Demi-frères, demi-sœurs

**Enfants ayant un parent biologique en commun, soit le père, soit la mère.**

### Quasi frères et sœurs

**Enfants n'ayant aucun lien de sang, mais dont la mère de l'un vit avec le père de l'autre.**

# La famille, c'est...

**Des parents qui protègent et qui encouragent.**

**Les meilleurs amis, ceux sur qui on peut compter et qui peuvent compter sur nous.**

**Beaucoup de bonheur à tous les âges de la vie !**

Ceux que l'on voit souvent, avec qui on vit : les parents, les frères et soeurs, les grands-parents.

M.208 ตลาดน้ำดำเนินสะดวก จ.ราชบุรี

Des parties de jeux, des parties de rires et des disputes aussi.

« Va ranger ta chambre ! » et « Quand j'ai dit non, c'est non ! »

Une bataille permanente : pour mettre la table, pour choisir le film, pour descendre les poubelles ou changer la litière du chat...

Beaucoup d'ennuis à tous les âges de la vie !

Le clan, la tribu, le groupe, le bercail, la maisonnée, la smala...

Ceux qui sont morts et qu'on n'a pas connus, les grands-parents, les arrière-grands-parents.

Un frère, une sœur à qui confier ses secrets...

Des divorces, des remariages, des demi-frères et sœurs, une tribu pas toujours simple.

Si tu as d'autres idées, complète sur une feuille de papier (ou dans un cahier) : ***« Pour moi la famille, c'est... ».***

POURQUOI JE N'AI PAS DE COPAINS ?

COMMENT ON SE FAIT DE NOUVEAUX AMIS ?

C'EST QUOI VRAIMENT UN AMI ?

EST-CE QU'UN AMI NOUS RESSEM

COMMENT TROUVER UN « MEILLEUR » AMI ?

EST-CE QUE JE SUIS OBLIGÉ D'ÊTRE SON COPAIN ?

EST-CE QUUN AMI NOUS RESSEMBLE ?

EST-CE QU'ON PEUT VIVRE SANS AMIS ?

COMMENT ON CHOISIT SES AMIS ?

EST-CE QU'UN AMI, ON LE GARDE POUR LA VIE ?

C'EST QUOI VRAIMENT UN AMI ?

EST-CE QU'UN AMI NOUS RESSEMBLE ?

COMMENT ON SE FAIT DE NOUVEAUX AMIS ?

EST-CE QU'ON VIVRE SANS A

EST-CE QU'ON PEUT VIVRE SANS AMIS ?

POURQUOI JE N'AI PAS DE COPAINS ?

EST-CE QUE JE SUIS OBLIGÉ D'ÊTRE SON COPAIN ?

COMMENT TROUVER UN « MEILLEUR » AMI ?

C'EST QUOI VRAIMENT UN AM

POURQUOI LES COPAINS NOUS DISENT DES INSULT

EST-CE QU'UN AMI, ON LE GARDE POUR LA VIE ?

# LES COPAINS D'ABORD !

## On en parle à la récré...

# Morgan, Paulina, Emma, Octavio, Tony, Hugo, Amed, Églantine et Roman parlent des copains et de l'amitié !

On dit tout à nos amis intimes, c'est un peu comme à un carnet secret.
Octavio

« J'ai une meilleure amie, c'est ma “sœur de cœur”, je peux tout lui dire ! »
Emma



Les copains, c'est surtout pour jouer. Si on ne les avait pas, on s'ennuierait !
Roman

« **J'avais une copine qui me donnait des gifles, elle disait que c'était pour rigoler...** »
Morgan

« On a des amis si on ne frappe pas les autres, si on ne les insulte pas. »
Paulina

« J'ai changé d'école et
j'ai quitté mon meilleur copain,
ça me rend triste,
mais j'ai gardé une photo. »

Tony

On n'attire pas
des copains
quand on fait
« le beau »,
quand on frime !

Roman

« On n'est pas
copain avec ceux
qui sont méchants
ou violents. »

Hugo

« Les copains qu'on
veut, on ne les a
pas toujours :
il faut aussi qu'ils
veuillent de nous ! »

Églantine

« Mon meilleur ami
fait tout le temps
des blagues, il me fait
beaucoup rire.
C'est pour ça que
je l'aime bien… »

Amed

# QU'EST-CE QU'UN AMI ?

**Ami ou copain ?** Un copain et un ami, c'est un peu pareil, mais pas tout à fait. On a des copains à l'école, à l'atelier de peinture ou dans l'équipe de foot. On joue, on rigole, on se croise. Les amis, ce sont quelques filles ou garçons, avec qui on aime se retrouver souvent et partager ses joies, ses peines, ses envies, ses projets. On se sent bien ensemble, on se fait confiance. Il y a des amis que l'on garde pour la vie.

**Frères et sœurs : amis ?**
Quand on s'entend très bien avec son frère ou sa sœur, on peut dire qu'on est comme des amis. Mais le plus souvent, on choisit ses amis en dehors de la famille. Ils apportent un peu d'air « neuf » : ils ont une vie différente de la nôtre, des parents, des habitudes, des jeux différents. Avec eux, on découvre de nouvelles choses et ça fait du bien !

## CITATION

**« Un ami, c'est celui qui devine toujours quand on a besoin de lui. »**
**(Jules Renard, écrivain, auteur de *Poil de Carotte*)**

## Des amis adultes

Parfois, on s'entend vraiment bien avec une personne adulte : une vieille dame, un parrain, la voisine qui nous garde. Avec eux, on est en confiance, on peut parler de l'école, de ses parents ou de ses frères et sœurs, de nos projets quand on sera grand. Ils nous écoutent, nous conseillent ou nous aident à réfléchir. Ce sont aussi des amis précieux.

## L'ami imaginaire

C'est un ami auquel on pense souvent dans sa tête. Il n'existe pas dans la réalité. On l'a inventé pour nous tenir compagnie quand on se sent seul. On peut tout lui dire, tout lui confier. Il vit dans nos rêves... mais il ne peut pas nous répondre vraiment ! On n'a pas tous besoin d'un ami imaginaire.

## Le « meilleur » ami

C'est celui ou celle que l'on a choisi entre tous. On se construit l'un avec l'autre. On s'est choisi parce qu'on se ressemble, ou au contraire parce qu'on est très différent. On s'entend bien, on se comprend, on sait qu'on peut compter l'un sur l'autre. C'est une amitié forte, dont on se souviendra sans doute toute notre vie, même si nos chemins se séparent.

### DICO

### La confiance

**C'est un sentiment que l'on peut éprouver vis-à-vis de certaines personnes : les parents, les grands-parents, les amis proches. On leur fait confiance. On ressent avec eux un sentiment de sécurité. On peut s'appuyer sur eux... et cela nous donne des ailes ! Le contraire de la confiance, c'est la méfiance.**

# COMMENT NAÎT L'AMITIÉ ?

## Au tout début de l'amitié...

On se regarde, on s'observe, on joue un peu ensemble, on s'aperçoit qu'on s'entend bien. On éprouve de la sympathie pour l'autre. Il nous attire parce qu'il a l'air gentil – les bagarreurs ou les égoïstes nous attirent moins ! En amitié, on se choisit. L'amitié va durer si, au fil des jours et des rencontres, on continue à se sentir bien ensemble.

**L'amitié partagée** On ne peut être amis, que si l'autre est d'accord ! L'amitié commence par là : le respect de l'autre et de ses sentiments. On ne peut pas forcer quelqu'un à devenir notre ami. De même que personne ne peut nous forcer à devenir son ami. L'amitié est un lien libre.



## L'amitié se gagne !

C'est parfois difficile de se faire des amis. Surtout si on est timide ! Mais si on reste dans son coin, comment connaître les autres et comment se faire connaître et apprécier des autres ? Pour nouer une amitié, il faut faire l'effort d'aller vers l'autre, de s'intéresser à lui avec « bienveillance », c'est-à-dire en souhaitant son bien. L'amitié, c'est de la bienveillance partagée.

### DICO

**Rivalité**

**On rencontre parfois quelqu'un qui veut la même chose que nous. Au lieu de s'entendre, on se déteste. La compétition s'installe, on devient rivaux. Jalousie, envie d'écraser l'autre, d'être le premier, le seul... On est bien loin de l'amitié !**

## CITATION

**« Si on me presse de dire pourquoi je l'aimais, je sens que cela ne se peut exprimer, qu'en répondant : parce que c'était lui ; parce que c'était moi. »**
(Michel de Montaigne, à propos de son grand ami La Boétie, « De l'Amitié », *Essais*)

## L'amitié se construit

Il faut du temps pour apprendre à connaître quelqu'un... et pour apprendre à se connaître soi ! L'amitié, c'est comme une histoire qui se construit entre deux personnes, au fur et à mesure de la vie. On apprend à partager, à se respecter, à se faire confiance. Il y a aussi des crises, des disputes, des jalousies : parfois, les chemins des amis se séparent.

**Vive les différences !** L'amitié permet de découvrir l'autre, tel qu'il est, avec ses différences. Plus on se connaît, plus celles-ci nous semblent familières, moins elles nous font peur.
L'amitié permet d'apprivoiser les différences. Se sentir différent, et en même temps pareil tout au fond de nous, ça rend drôlement heureux ! L'amitié est un vrai trésor.

# EST-CE IMPORTANT DANS LA VIE D'AVOIR DES AMIS ?

**Des amis pour s'amuser** C'est agréable par moments d'être seul pour réfléchir, lire, se reposer ou travailler ; mais c'est tellement bon aussi de passer du temps avec ses amis ! La vie serait triste si on ne prenait pas le temps de jouer, rire et faire la fête avec eux. Les amis égayent la vie !



**Des amis pour nous aider** On ne peut pas toujours se débrouiller tout seul dans la vie. On a aussi besoin d'aide ou de soutien : pour comprendre un exercice de maths, pour grimper à la corde en gym, pour organiser son anniversaire. Ce qu'il y a de bien avec les amis, c'est que l'on peut leur demander un coup de main, un conseil, un avis. Ils disent souvent oui !

**Des amis pour nous consoler**
La vie nous réserve beaucoup de moments joyeux et des moments moins gais aussi : une moquerie qui fait mal, une chute dans la cour de récré, les parents qui nous ont grondés. Les amis sont là pour nous réconforter, ils trouvent les mots ou les jeux pour nous consoler et nous changer les idées.

## DICO
### La trahison

**L'amitié, comme toutes les aventures humaines, comporte des risques ! Il arrive que l'on fasse confiance à un ami qui, un jour, nous trahit : en dévoilant nos secrets, en choisissant comme ami notre pire ennemi, en se moquant de nous dans notre dos… On se sent alors trompé et sali. On est en colère aussi. La trahison nous rend triste au fond de nous.**

## Des amis pour se confier

On est traversé certains jours par de grandes émotions : des bonheurs intenses, comme tomber amoureux ; des peines profondes, comme une grand-mère qui va mourir. Ces émotions, on a besoin d'en parler, mais pas avec tout le monde. Les meilleurs amis sont là pour nous écouter, on leur fait confiance pour garder nos secrets.

## IDÉE BRICO
### L'œuvre d'art des copains

**Tu veux un souvenir de ta bande de copains ? Achète une toile blanche de peintre et des feutres « spécial toile ». Au milieu (ou dans un coin), inscris ton prénom et ton âge. Rassemble tes amis, à l'occasion de ton anniversaire par exemple, et demande-leur d'écrire sur la toile une phrase, un poème, une blague, ou de faire un dessin, en l'honneur de votre amitié (tu pourras ajouter leur photo). Une pièce unique à accrocher dans ta chambre !**

# Un ami, c'est…

**Pareil qu'un copain, on aime jouer ensemble.**

Quelqu'un à qui je peux confier mes secrets, même les plus gros.

Quelqu'un que je respecte et qui me respecte…

**Un copain qui me ressemble.**

Quelqu'un de différent de moi, avec qui je découvre de nouvelles choses.

**Quelqu'un avec qui j'aime discuter, partager mes idées, mes projets.**

Quelqu'un qui me veut du bien.

Quelqu'un
qui m'aime
bien parce que
je lui donne
souvent
des bonbons.

Quelqu'un que j'aime voir souvent
et qui m'aime bien aussi.

**Un plus petit que moi,
à qui je peux donner des ordres...**

Un plus grand
que moi, qui
me donne des ordres.

**Un copain qui ne dit pas d'insultes
et qui ne ment pas...**

Si tu as d'autres idées, complète sur une feuille de papier (ou dans un cahier) : ***« Pour moi un ami, c'est... »***

EST-CE QU'ON PEUT AVOIR PLUSIEURS AMOUREUX ?

À QUOI ON RECONNAÎT QU'ON EST AMOUREUX ?

POURQUOI JE L'AIME, ET PAS ELLE ?

POURQUOI MON AMOUREUX PRÉFÈRE JOUER AVEC SES COPAINS ?

QUAND EST-CE QUE JE SERAI AMOUREUX ?

EST-CE QU'ON PEUT MOURIR D'AMOU

'EST QUOI L'AMOUR ?

EST-CE QU'ON PEUT MOURIR D'AMOUR ?

POURQUOI MON AMOUREUX PRÉFÈRE JOUER AVEC SES COPAINS ?

POURQUOI LES ADULTES DISENT QU'ON N'EST PAS AMOUREUX POUR DE VRAI QUAND ON EST ENFANT ?

POURQUOI IL Y EN A QUI S'AIMENT ET QUI SE DÉTESTENT APRÈS ?

# POURQUOI ON EST AMOUREUX ?

QUAND EST-CE QUE JE SERAI AMOUREUX ?

POURQUOI JE L'AIME, ET PAS ELLE ?

QUOI ON RECONNAÎT U'ON EST AMOUREUX ?

POURQUOI IL Y EN A QUI S'AIMENT ET QUI SE DÉTESTENT APRÈS ?

EST-CE QU'ON PEUT AVOIR PLUSIEURS AMOUREUX ?

POURQUOI JE L'AIME, ET PAS ELLE ?

POURQUOI ON EST AMOUREUX ?

POURQUOI ÇA EXISTE DE DIVORCER ?

C'EST QUOI L'AMOUR ?

QUAND EST-CE QUE JE SERAI AMOUREUX ?

POURQUOI ON EST AMOUREUX ?

# AAAAH, L'AMOUR...

## On en parle à la récré...

# Miriam, Hugo, Roman, Églantine, Tony et Morgan s'interrogent sur l'amour. Y a-t-il un âge pour être amoureux ?

L'amour, ça se fabrique avec le cœur. Quand on est amoureux, on a envie d'être tout le temps ensemble, on se fait des bisous.
Roman

« Un amoureux, c'est plus qu'un ami. Tu peux habiter ensemble plus tard et faire une famille. »
Miriam

« Les garçons disent que c'est nul d'être amoureux. Ils disent que "c'est la honte" ! »
Morgan

Parfois, on ne peut pas dire qu'une copine est amoureuse. Si le garçon ne le sait pas, ça doit rester un secret.
Églantine

« On peut très bien être amoureux quand on est enfant. »
Tony

Le « coup de foudre », c'est quand on tombe amoureux en même temps tous les deux. Tu as un flash et l'autre te reste tout le temps dans la tête.
Morgan

« On n'est pas obligé de tomber amoureux de quelqu'un qui est beau et riche. On peut être riche en intelligence et beau à l'intérieur. »
Miriam

« Quand tu tombes amoureux, ça donne des ailes. Mais quand l'autre ne t'aime pas, ça rend malheureux. »
Miriam

« **On peut pleurer de bonheur quand on est amoureux, c'est comme quand ton joueur de foot préféré marque un but !** »
Hugo

# C'EST QUOI, L'AMOUR ?

**J'aime, j'aime pas...** Dans la vie, il y a des choses que l'on aime, et d'autres que l'on n'aime pas, ou que l'on n'aime plus : des objets, des aliments, un endroit. On aime aussi par habitude : l'histoire du soir, par exemple, qui nous rassure. On peut aimer passionnément un sport, une activité artistique, peindre ou écrire. Pour toutes ces choses, on emploie le mot « aimer », mais pas le mot « amour » : on dit « j'aime le chocolat », mais pas « j'ai de l'amour pour le chocolat »...

**L'amour familial** Depuis tout petit, on aime ses parents, ses frères et sœurs, ses grands-parents, ses oncles et tantes. On aime aussi son chat, son chien. C'est de la tendresse, un attachement fort, pour tous ceux qui font partie de notre vie quotidienne. Pour sa famille, on emploie le mot « amour », mais pas le mot « amoureux » : on dit « J'ai de l'amour pour ma famille », mais pas « Je suis amoureux de ma famille »...

## LA BONNE IDÉE

### Une belle collection

**Demande à tes parents, à tes grands-parents, à des couples qui s'aiment autour de toi, de te raconter l'instant où ils sont tombés amoureux l'un de l'autre. À coup sûr, ils s'en souviennent... et ce n'est pas forcément au même moment ! Entame un cahier qui s'intitule : « Les plus belles histoires d'amour »...**

## L'amour et l'amitié

Les copains, on les aime bien, mais on n'est pas amoureux d'eux. On pense à eux souvent, mais pas tout le temps. On choisit ses amis, ceux avec qui on aime se retrouver pour jouer, pour discuter ou jouer à la récré. L'amour, lui, ne nous laisse pas le choix : le cœur est pris, aimanté comme une boussole. Impossible de résister !

### LE SAIS-TU ?

**Comment dit-on « je t'aime » dans d'autres langues ?**

***I love you*** **(anglais) ;** ***Te quiero*** **(espagnol) ;** ***Ich liebe dich*** **(allemand) ;** ***Ya vas liubliu*** **(russe) ;** ***Ti amo*** **(italien)... et** ***Sukiyo*** **(japonais).**

**Le sentiment amoureux** Quand on tombe amoureux, des tas d'émotions nous envahissent. C'est comme une vague qui nous renverse ! Que nous arrive-t-il ? On ne se reconnaît plus ! On a chaud, envie de rire et, cinq minutes plus tard, envie de pleurer. Le sentiment amoureux nous occupe tout entier !

**L'amour a besoin de temps** Être amoureux, c'est un sentiment fort, qu'on a du mal à décrire. Il s'y mêle beaucoup de joie et de peur aussi. Car pour s'aimer, il faut être deux : on se demande toujours si l'autre nous aime aussi ! En grandissant, on apprend à mieux se connaître, à mieux comprendre ses sentiments, et à connaître les autres. L'amour se construit avec le temps.

# À QUOI RECONNAÎT-ON QU'ON EST AMOUREUX ?

## Le coup de foudre

On croise un jour une personne. Et elle nous semble merveilleuse. On est ébloui, fasciné. Ça ne s'explique pas vraiment, c'est le « coup de foudre ». Et si l'autre est ébloui aussi, on est le plus heureux des humains !

**Mille petits signes** On a le cœur qui bat, on devient tout rouge dès que l'on aperçoit le garçon ou la fille qu'on aime. L'amour nous met dans tous nos états ! Certains font le pitre ou se vantent, pour se faire remarquer ; d'autres bafouillent et préfèrent contempler de loin leur « bien-aimé ». Il y a ceux qui veulent crier leur amour sur tous les toits... et ceux qui en font un secret d'État !

## Mille petites attentions

On aime quelqu'un et pour le lui dire, on a envie de lui offrir mille cadeaux : du chocolat, des fleurs, une écharpe, un collier... la Terre entière ! Il y a des amoureux qui s'écrivent des lettres ou s'envoient des poèmes. Il y a aussi ceux qui ne se lâchent pas la main ou se font des bisous.

### CITATION

**« Amour, amour, quand tu nous tiens, on peut bien dire : adieu prudence. »**
(Jean de la Fontaine, « Le Lion Amoureux », *Fables*)

## Pourquoi lui ? Pourquoi elle ?

On aime ses yeux, la couleur de ses cheveux, sa façon de s'habiller… mais pas seulement. On sent bien que l'apparence ne suffit pas toujours. Ce sont souvent les qualités « morales », la gentillesse, la générosité, l'honnêteté, qui rendent l'autre beau à nos yeux.

JEU

## Effeuiller la marguerite

**Envie de savoir si ton amoureux t'aime ou pense à toi ? Cueille une marguerite et enlève les pétales un par un en récitant dans l'ordre : il m'aime un peu, beaucoup, passionnément, à la folie, pas du tout. Réponse au dernier pétale…**

**On a le temps !** Parfois, l'émotion ne dure pas. On était amoureux et on ne l'est plus. Ou bien, on hésite entre plusieurs, on ne sait pas lequel choisir ! On peut tomber amoureux plusieurs fois, surtout quand on est enfant. Un jour, on rencontrera l'amoureux, l'amoureuse, avec qui on aura envie de vivre plus longtemps. Mais, pour l'instant, on a le temps !

# POURQUOI L'AMOUR NOUS REND HEUREUX ET MALHEUREUX À LA FOIS ?

## Aimer donne des ailes !

Quand on est amoureux, on a envie de sauter, de courir et de rire en même temps. Quand on aime et qu'on est aimé en retour, c'est fabuleux : on partage nos rêves, nos envies, nos projets. On pense à l'autre et on sait qu'il pense à nous aussi, on ne se sent plus seul. Ça nous donne confiance. À deux, on se sent plus fort !



## Amoureux malheureux

Si on est seul à aimer, si l'autre n'éprouve pas pour nous les mêmes sentiments, on se sent triste, abandonné. Il arrive aussi que l'on ne se comprenne pas tout le temps, ou qu'un amoureux (une amoureuse) nous demande trop de temps : on a envie de profiter de ses copines, de ses copains. On se sent tiraillé, moins heureux qu'on le voudrait...

### LE SAIS-TU ?

### Des amoureux célèbres

**Dans la littérature, on trouve des couples d'amoureux célèbres : Roméo et Juliette, Tristan et Iseult, Ulysse et Pénélope. Pour certains, leur amour les conduira jusqu'à la mort...**

## DICO
### La passion

**C'est un penchant très fort pour quelqu'un (ou quelque chose). Si cette passion reste joyeuse, qu'elle ne nous empêche pas de vivre, tout va bien. Mais si elle envahit tout, que l'on devient incapable de penser ou de s'intéresser à autre chose, on peut souffrir beaucoup.**

**Pas si simple !** L'amour est une aventure qui se vit à deux. Quand on se choisit, on pense s'aimer pour toute la vie. Mais les gens changent. Et il arrive qu'ils cessent de s'aimer. Parfois, les parents divorcent. Ils se quittent. Cela ne veut pas dire qu'ils ont eu tort de s'aimer avant, ou qu'ils ne se sont pas aimés. On peut rêver de s'aimer toute la vie, et ne pas y arriver.

## Le meilleur de soi-même

Pas besoin de se transformer, de changer d'apparence, de style, de façon de parler, pour se faire aimer : derrière les tonnes de maquillage ou les tas de beaux discours, on ne sait même plus qui on est ! Mais on peut avoir envie par amour de se dépasser, de donner le meilleur de soi-même : d'être moins égoïste, plus courageux, plus joyeux... Tant mieux !

# L'amour, c'est...

Un peu comme l'amitié, en plus compliqué.

Plutôt : « Qui s'y frotte, s'y pique » !

**Une grande émotion qui fait rougir les joues et battre le cœur plus fort.**

**Le contraire de la haine.**

Une chanson,
un poème,
une peinture...
qui nous rendent
heureux.

**Ce n'est pas indispensable pour être heureux...**

**Ça peut faire rire et pleurer aussi...**

**Romantique comme un rendez-vous au clair de lune.**

**Doux comme un pétale de fleur...**

Un cauchemar, si l'autre ne t'aime pas.

**Une tornade qui nous fait faire n'importe quoi !**

Le paradis, si l'autre t'aime aussi.

Si tu as d'autres idées, complète sur une feuille de papier (ou dans un cahier) : ***« Pour moi l'amour, c'est... »***.

À QUOI ÇA SERT LES MATHS ?

POURQUOI ON NE PEUT PAS JOUER TOUT LE TEMPS ?

POURQUOI EST-CE QU'ON EST OBLIGÉ D'ALLER À L'ÉCOLE ?

POURQUOI, PARFOIS, ON APPREND ET ON OUBLIE ?

POURQUOI FAUT-IL APPRENDRE LES TABLES DE MULTIPLICATION ?

COMMENT ON PEUT APPRENDRE À APPRENDRE ?

POURQUOI C'EST DUR D'APPRENDRE ?

COMMENT ON PEUT APPRENDRE À APPRENDRE ?

À QUOI ÇA SERT LES MATHS ?

POURQUOI JE NE PEUX PAS APPRENDRE QUE CE QUI ME PLAÎT ?

POURQUOI C'EST DUR D'APPRENDRE ?

POURQUOI EST-CE QU'ON EST OBLIGÉ D'ALLER À L'ÉCOLE ?

POURQUOI ON NE PEUT PAS JOUER TOUT LE TEMPS ?

POURQUOI FAUT-IL APPRENDR
LES TABLES DE MULTIPLICATIO

EST-CE QU'ON AURA FINI D'APPRENDRE UN JOUR ?

'EST QUOI EXACTEMENT
A GÉOGRAPHIE ?

POURQUOI, PARFOIS, ON APPREND ET ON OUBLIE ?

À QUOI ÇA SERT LES MATHS ?

POURQUOI FAUT-IL APPRENDRE LES TABLES DE MULTIPLICATION ?

EST-CE QU'ON AURA FINI D'APPRENDRE UN JOU

POURQUOI JE NE PEUX PAS
APPRENDRE QUE CE QUI ME

# À QUOI ÇA SERT D'APPRENDRE ?

## On en parle à la récré...

Sacha, Roman, Clotilde, Morgan, Hugo, Maxence et Jeanne se demandent à quoi ça sert d'apprendre, dans la vie.

« Quand on a beaucoup de choses à apprendre, c'est dur de se souvenir de tout... »
Hugo

On peut apprendre des choses en écoutant la discussion des adultes ou des grands frères et sœurs.
Clotilde

« On apprend surtout quand on est enfant. »
Roman

On apprend à l'école, mais les parents, eux, nous apprennent le sens de la vie.
Morgan

« Moi je demande beaucoup de choses à mon père, je suis curieux. J'ai remarqué que quand on pose des questions, on apprend plus de choses. »
Maxence

« On apprend en observant la nature et grâce aux expériences scientifiques. Et parfois, on apprend des choses par hasard, en découvrant une grotte... »
Sacha

« Ce que je voudrais apprendre, c'est la politique pour m'occuper de la justice ou de la ville. »
Maxence

« On a encore plein de choses à apprendre, on n'a pas fini notre chemin... »
Jeanne

« On n'a jamais fini d'apprendre. Quand on est grand, on ne sait pas tout, il reste des choses à découvrir ! »
Sacha

# COMMENT ON APPREND ?

**Bébé, on ne sait rien !** Beaucoup d'animaux, quand ils naissent, savent très vite se débrouiller pour voler, nager, courir ou se nourrir. Le bébé humain, lui, ne sait pas faire grand-chose : il est dépendant de ses parents pour manger, communiquer, se déplacer… bref, pour survivre ! C'est dans sa famille qu'il va d'abord apprendre à devenir autonome : à parler, marcher, comprendre les autres et se faire comprendre.

### CITATION

**« Mlle Legourdin, la directrice, était d'une autre race : c'était une géante formidable, un monstrueux tyran qui terrorisait également élèves et professeurs. »**
**(Roald Dahl, *Matilda*)**

## S'ouvrir au monde

À 6 ans, on sait qui on est, qui sont nos parents ; on a appris à se débrouiller seul et même à se faire des amis ! On est prêt à entrer dans le monde des grands. À l'école primaire, on commence à apprendre à lire, à écrire, à compter : des savoirs qui nous ouvrent peu à peu les portes du monde entier ! Des savoirs précieux pour trouver un jour un métier.

## Ce qu'on apprend à l'école

Est-on obligé d'aller à l'école pour apprendre ? Il existe aujourd'hui bien d'autres moyens de s'instruire : sur Internet, à la télévision, dans les livres, on dispose d'une multitude d'informations. Mais il faut savoir faire le tri ! L'école donne des méthodes, invite à réfléchir, pour comprendre. Elle invite aussi à discuter avec les autres, car à l'école, on apprend à vivre ensemble.

### LE SAIS-TU ?

### L'école obligatoire

**En France, l'instruction est obligatoire de 6 à 16 ans. C'est l'article 131 du code de l'éducation : « L'instruction est obligatoire pour les enfants des deux sexes, français et étrangers, entre 6 et 16 ans. » Mais la scolarisation (aller dans une école) n'est pas obligatoire. On peut apprendre ailleurs qu'à l'école (avec ses parents à la maison, en prenant des cours par correspondance, etc.).**

**Tout ce qu'on apprend ailleurs** Dans la rue, à la maison, en voyage, dans les livres, à la télévision, en se promenant, en faisant les courses, en jouant... on peut apprendre à tout moment de la vie ! Il suffit d'être curieux. On apprend en observant, en posant des questions, en s'intéressant aux gens, à la nature, au monde qui nous entoure.

**C'est dur d'apprendre !** Surtout des choses nouvelles. Il faut du courage et de la patience. On n'apprend pas à lire, à jouer au basket ou d'un instrument de musique, du jour au lendemain. Il faut faire des efforts, s'entraîner souvent et persévérer, car on ne réussit pas tout de suite. Pour apprendre, on a aussi besoin de se sentir en sécurité. C'est plus facile d'apprendre si on n'a pas de soucis dans la tête.

# EST-CE IMPORTANT D'APPRENDRE ?

**Apprendre pour comprendre le monde** On n'est pas fait pour vivre tout seul dans son coin ! C'est important de savoir comment fonctionne le monde dans lequel on vit et de connaître son histoire : comment vivent les hommes ? Pourquoi y a-t-il des guerres ? Que découvrent les chercheurs ? Apprendre sert à s'interroger sur le monde, pour mieux y trouver sa place.

## Apprendre pour agir

On a tous une place dans ce monde, un rôle à jouer. Apprendre, ce n'est pas seulement écouter, c'est agir. Ce qu'on a appris va nous servir à trouver un métier, à gagner notre vie, à aider les autres, à changer le monde, peut-être, avec nos idées !

### LE SAIS-TU ?

**Le droit à l'éducation**

**En 1989, la Convention internationale des droits de l'enfant a été signée par des pays du monde entier. Ce texte explique les droits qu'ont tous les enfants. Parmi ces droits, le droit d'aller à l'école : tout enfant a le droit d'apprendre à lire, à écrire et à compter. Malheureusement, ce droit n'est pas respecté partout. Dans le monde, un enfant sur six travaille au lieu d'aller à l'école...**

**Apprendre pour grandir** Apprendre, c'est acquérir de nouvelles connaissances sur le monde et les autres. Ça transforme un peu notre façon de voir les choses. Ça nous fait grandir, devenir plus autonome aussi. Et ça tombe bien, parce que l'on n'aura pas toujours ses parents derrière soi dans la vie !

## DICO

### Analphabète

Se dit de quelqu'un qui n'a jamais appris à lire, ni à écrire.

### Illettré

Se dit de quelqu'un qui a de grandes difficultés pour lire et pour écrire, bien qu'il soit allé à l'école.

**Apprendre pour soi-même** Il y a des choses essentielles que l'on a besoin d'apprendre : lire, écrire, compter, ça nous servira toute la vie.
Mais on ne peut pas tout apprendre, tout savoir. On a le droit d'aller vers ce qui nous intéresse le plus, ce que l'on a le plus envie de connaître. Quand on se passionne pour un sujet, et qu'on en apprend toujours plus dessus, on se dit que la vie est vraiment riche, on a l'impression d'exister encore plus fort !

**Apprendre pour être libre** Apprendre sert à savoir des choses. Et savoir des choses nous aide à réfléchir et à décider. Si on ne sait rien, comment décider ? On laisse le hasard ou bien les autres décider à notre place...
Plus on apprend de choses, plus on est capable de faire des choix. C'est ça la liberté !

# EST-CE QU'ON APPREND TOUTE SA VIE ?

**On continue à faire des découvertes** Les scientifiques, les chercheurs continuent de découvrir des choses nouvelles. Grâce aux moyens d'observation, aux progrès scientifiques et techniques, notre savoir n'arrête pas de grandir. Mais aujourd'hui encore, il y a des choses que l'on ignore. C'est normal ! Il faut prendre le temps d'apprendre, pour faire de nouvelles découvertes.

**Il n'y a pas d'âge pour apprendre** On dit que les enfants apprennent tout plus facilement. C'est vrai. Ça ne veut pas dire pour autant que les adultes n'apprennent plus rien ! Il y a des adultes encore jeunes qui réapprennent un nouveau métier. Il y en a d'autres qui, une fois à la retraite, retournent sur les bancs de l'université. Ils ont enfin du temps pour apprendre !

**CITATION**

**« On n'en aura jamais fini d'apprendre, on peut toujours en rajouter. »**
**(Rabelais, écrivain)**

**Soyons curieux !** Dans la vie, il y a des gens qui croient tout savoir sur tout. Alors, ils ne cherchent plus à apprendre. Quel ennui ! Et puis, il y a ceux qui cherchent toujours à apprendre de nouvelles choses : les curieux qui observent, regardent, s'interrogent... La curiosité ouvre la porte aux découvertes et à l'émerveillement.

**Apprendre, c'est s'interroger...** Il y a beaucoup de choses que l'on répète « par habitude » : tout le monde le dit, alors c'est ainsi ! À quoi ça sert d'apprendre comme des machines, des choses que l'on n'a pas observées ou que l'on ne comprend pas ? C'est bien plus passionnant de s'interroger. C'est d'ailleurs ce que font les scientifiques : ils supposent des choses, qu'ils vérifient ensuite. C'est en se posant des questions que l'on apprend vraiment !

## Le goût de l'aventure !

Apprendre, c'est une aventure risquée : c'est aller vers la nouveauté, vers ce que l'on ne sait pas. Ça nous chamboule parfois ! Mais quel plaisir d'apprendre de nouvelles choses qui nous sont utiles, ou qui peuvent être utiles aux autres. Ça nous rend fier. Apprendre est une aventure qui nous grandit !

### LE SAIS-TU ?

### Eurêka !

**Cette célèbre expression fut prononcée dans son bain par le savant Archimède en constatant l'effet de son propre poids sur le niveau de l'eau dans la baignoire : il venait de découvrir la fameuse « poussée d'Archimède ». Tout content, il sortit en criant « Eurêka ! », qui signifie en grec « J'ai trouvé ! ». On entend souvent cette expression aujourd'hui lorsque qu'une personne trouve la solution à un problème.**

# Apprendre, c'est...

Pour apprendre, il faut essayer de comprendre, sinon ça ne sert à rien.

C'est intéressant parce qu'on apprend des trucs nouveaux.

C'est utile pour quand on sera grand.



Apprendre, c'est se poser des tas de questions et essayer d'y répondre.

On peut apprendre en expliquant aux autres, pour voir si on a bien compris !

Apprendre,
ça veut dire
aussi inventer…
et vérifier après
si ça marche !

C'est enquiquinant,
parce que ça empêche
de jouer.

Ce n'est pas toujours facile,
surtout quand on est fatigué.

C'est dur et barbant
d'apprendre !

Apprendre, c'est chercher,
chercher… et continuer
à chercher !

our apprendre, il faut beaucoup
péter et s'entraîner.

C'est long d'apprendre.

Si tu as d'autres idées, complète sur une feuille de papier (ou dans un cahier) :
***« Pour moi apprendre, c'est… »***

QUAND ON M'AGRESSE,
JE ME DÉFENDS COMMENT ?

POURQUOI ON DEVIENT VIOLENT ?

POURQUOI
ON DEVIENT VIOLENT ?

POURQUOI DES GENS TUENT ?

EST-CE QU'ON NE POURRAIT PAS DISCUTER,
AU LIEU DE SE BAGARRER ?

POURQUOI IL Y A DES MÉCHANTS ?

C'EST QUOI LE RACKET ?

POURQUOI DES
GENS TUENT ?

POURQUOI LES GENS, DANS LEURS VOITURES
INSULTENT LES AUTRES ?

POURQUOI IL Y A TOUJOURS DES PAYS
QUI FONT LA GUERRE ?

COMMENT PEUT-ON FAIRE POUR ARRÊTER LA VIOLENCE ?

EST-CE QU'ON NE POURRAIT PAS
DISCUTER, AU LIEU DE SE BAGARRER !

POURQUOI LES VOLEURS VOLENT ?

POURQUOI LES GENS, DANS LEURS
INSULTENT LES AUTRES ?

C'EST QUOI LE RACKET ?

QUAND ON M'AGRESSE,
JE ME DÉFENDS COMMENT ?

POURQUOI ON DEVIENT VIOLEN

COMMENT PEUT-ON FAIRE POUR ARRÊTER LA VIOLENCE ?

POURQUOI DES GENS TUENT ?

POURQUOI

POURQUOI IL Y A TOUJOURS
DES PAYS QUI FONT LA GUER

IL Y A DES MECHAN

# STOP À LA VIOLENCE !

## On en parle à la récré...

# Ilman, Pierre, Maxence, Hugo, Églantine, Jeanne et Yaancoub se demandent pourquoi la violence existe, et ce qu'on peut faire pour l'arrêter.

« Les sports de combat, ce n'est pas de la violence, c'est organisé, ce n'est pas fait pour faire mal. »
Hugo

Il n'y a pas que la violence avec les poings, il y a aussi la violence verbale avec les gros mots, les insultes.
Pierre



Si on dit tous les jours des gros mots, on devient de plus en plus énervé. Ensuite on donne des gifles, des coups de pied, des coups de poing. Ça dégénère.
Ilman

**« Dans les films, il y a souvent des gens qui tuent, on finit par s'habituer. »**
Églantine

« La violence, c'est les terroristes qui font exploser des immeubles. »
Maxence

« En cas de violence, il faut prévenir les adultes. »

Yaancoub

« Souvent, c'est la provocation qui amène la violence. On insulte tes parents par exemple, forcément, tu réagis. Il y a aussi des garçons qui se bagarrent pour impressionner les filles. »

Jeanne

**On peut devenir violent à cause des jeux vidéo. On s'énerve quand on joue. Et c'est beaucoup de jeux de guerre.**

Maxence

« **Quand on reste en dehors des histoires, on attire moins la violence.** »

Ilman

# C'EST QUOI LA VIOLENCE ?

## La violence physique

On tape, on griffe, on donne des coups de pied, des coups de poing… On utilise la force dans l'intention de faire mal, de blesser, de tuer parfois. Il y a des bagarres à un contre un ; des affrontements à plusieurs, entre bandes rivales ; il y a aussi la guerre, à l'échelle de tout un pays.

**La violence des mots** Il y a des mots qui blessent : les moqueries, les insultes, les provocations. Ces mots atteignent l'autre, à l'intérieur, dans sa personnalité, ses sentiments, ses émotions. C'est de la violence « psychologique ». Les moqueries répétées, l'intimidation, les menaces sont des violences psychologiques graves.

## LE SAIS-TU ?

### Protection de l'enfant

**Il existe un texte qui protège les droits des enfants. C'est la Convention internationale des droits de l'enfant. Il y est écrit : « L'enfant doit être protégé contre toute forme de violence, d'atteinte ou de brutalités physiques ou mentales, d'abandon ou de négligence, de mauvais traitements ou d'exploitation, y compris la violence sexuelle. » Malgré ce texte, des millions d'enfants dans le monde sont encore victimes de mauvais traitements.**

SOS

## Allô Enfance en danger

**Pour tous les enfants victimes de violences et qui n'ont personne autour d'eux à qui se confier, il existe un numéro de téléphone : le 119. C'est un numéro gratuit, que l'on peut appeler anonymement (sans dire son nom). Des adultes répondent et aident à trouver une solution.**

## La violence « silencieuse »

C'est une violence sans coups et sans mots blessants. Il y a des gens, par exemple, qui n'ont plus de maison et à qui on ne dit plus bonjour. On les ignore parce qu'ils sont dans la misère. On les méprise même parfois. C'est une violence inouïe d'oublier que l'autre est un être humain comme nous, qu'il mérite le même respect.

## Le choc des images

À la télévision, au cinéma, sur Internet, on voit défiler beaucoup d'images violentes : des enfants qui meurent de faim, des immeubles bombardés, des gens assassinés... on ne sait plus ce qui est réel et ce qui est imaginaire ! Du coup, on n'y fait même plus attention.
On ne doit pourtant pas oublier que la vie n'est ni un film ni un jeu. Et que la violence existe dans la réalité.

**Attention, tout n'est pas violence !** Il ne faut pas tout confondre, ni voir la violence partout. Il arrive dans la vie que l'on se dispute, qu'on s'énerve, que l'on dise des gros mots. Ce n'est pas de la violence pour autant ! Les petits conflits font partie de la vie. On peut aussi s'affronter dans une compétition sportive par exemple. Il y a des règles, un arbitre, et on respecte son adversaire. Ce n'est pas de la violence.

# POURQUOI ON EST VIOLENT ?

**La nature humaine** Un bébé est capable de hurler, de taper ou de mordre pour se faire entendre. Mais s'il ne réclamait pas à manger ou des soins, il mourrait. On a tous en nous une certaine violence, et cette violence peut nous aider à survivre parfois. Elle peut aussi nous détruire, si on ne sait pas la maîtriser. C'est le cas quand des hommes massacrent d'autres hommes.

## La vie peut rendre violent

On ne naît pas « violent ». Les chercheurs n'ont jamais repéré un « gène » de la violence. Mais l'environnement dans lequel on grandit et notre éducation comptent : si on grandit dans une ambiance très agressive, on risque d'avoir un comportement violent. Parfois une vie difficile, le chômage, la pauvreté, le manque de place, le bruit, peuvent rendre violent...

### CITATION

**« Si tu es violent, c'est que tu as déjà perdu. »**
(Albert Jacquard, généticien)

## On s'habitue à la violence

**On s'habitue à la violence** À force d'entendre des insultes ou de voir des meurtres à la télévision, on s'y habitue. On est témoin d'une scène de violence à l'école ou dans son quartier et on ne dit rien. La violence peut ainsi se développer. En restant indifférent, en laissant faire, on encourage finalement la violence à s'installer.

**Non à la violence à l'école !** Les élèves violents entre eux ou avec les professeurs, les jeux dangereux à la récréation, le racket, le matériel ou les salles de classes abîmés : la violence frappe aussi à l'école. Et c'est inacceptable. Car l'école est avant tout un lieu où chaque enfant prépare son avenir et peut apprendre à devenir un citoyen de ce monde. Si on vient à l'école sans la volonté de respecter les autres, à quel genre de vie collective se prépare-t-on ?

**DICO**

**Racket**

**C'est le fait de menacer quelqu'un pour le voler, par exemple à l'école. Il faut dénoncer les racketteurs. Si celui qui se fait racketter ne dit rien, il n'y a aucune raison pour que le racketteur ne recommence pas. Le racket est un délit puni par la loi. Le racketteur risque une amende ou une peine de prison.**

**La violence a toujours existé** L'homme est capable de détruire et de tuer pour agrandir son territoire, avoir plus de pouvoir, imposer sa religion ou ses idées... Dans l'histoire, les exemples sont nombreux : les grandes invasions, les croisades, la guerre de Cent Ans, les deux guerres mondiales. On compte aussi des milliers d'années d'amour et de paix depuis le début de l'humanité. Heureusement !

# COMMENT ARRÊTER LA VIOLENCE ?

## Non à la loi du plus fort !

Répondre à la violence par la violence n'est pas une solution. Demain, celui qui a été battu prendra sa revanche, et la violence ne s'arrêtera jamais ! Dans la vie, ce n'est pas toujours facile de se calmer. Pratiquer un sport est une bonne façon d'évacuer la violence qui est en nous. Écrire, ou peindre, peut aussi aider à la faire sortir...

**Oui à la tolérance !** Souvent, quand on ne connaît pas l'autre, il nous fait peur. Apprendre à se connaître aide à mieux se comprendre, malgré nos différences. Cela s'appelle la tolérance. Oui à la tolérance et au respect de chacun : une personne est une personne quelles que soient la couleur de sa peau ou ses idées !

## LA BONNE IDÉE

### Une boîte aux lettres

**Installée dans la classe ou à la maison, cette boîte aux lettres peut aider à faire circuler la parole et installer le dialogue pour combattre la violence. On y dépose un papier (signé ou non, c'est comme on veut) qui évoque un problème. Et on en parle ensuite en classe ou en famille.**

## LE SAIS-TU ?

### La paix récompensée

**Chaque année, depuis 1901, le prix Nobel de la paix est décerné à une personne ou à une organisation qui a agi contre la violence. Parmi les prix Nobel de la paix : Martin Luther King, Nelson Mandela, le dalaï-lama, Barack Obama ou les organisations humanitaires Médecins sans Frontières et Amnesty International… Connais-tu ces noms ?**

**Oser parler** Parler, parler, parler : voilà une vraie arme pour lutter contre la violence ! La parole libère de la violence. Parler incite à s'ouvrir, à se tourner vers les autres, pour demander de l'aide (au lieu de garder sa souffrance pour soi) et trouver des solutions, ensemble. À plusieurs, on est plus fort contre la violence !

**Utiliser la loi** Dans les écoles, les quartiers, les villes, les pays et même à l'échelle du monde, les hommes ont mis en place des règles pour limiter la violence. Ces règles fixent ce qui est permis ou interdit. Dans toutes les écoles, il existe un règlement intérieur et un directeur pour le faire respecter. Dans la vie, la police, la justice sont là pour sanctionner ceux qui utilisent la violence. Au niveau mondial, l'ONU (Organisation des Nations unies) essaie de maintenir la paix entre les pays.

**Agir, c'est possible** On peut agir, même quand on est enfant, pour lutter contre la violence. En protestant par exemple quand un jeu est violent ou quand un enfant, plus faible, se fait embêter par d'autres. Protester, avoir le courage de dire « NON ! », « STOP ! », c'est agir contre la violence. Dialoguer, témoigner, refuser de se taire, sont des actes importants pour combattre la violence dans la vie de tous les jours.

# La violence, c'est...

Il y a la violence physique, les coups de poing, les coups de pied.

Les gros mots ou les insultes qui blessent, c'est aussi de la violence.

C'est normal la violence, d'ailleurs, on en voit partout !

C'est plutôt marrant une bonne bagarre, c'est un vrai spectacle !

La violence ? Ça n'existe qu'au cinéma ou dans les pays lointains !

Il y a de la violence tout près de chez nous, à l'école, dans la rue.

**Ce sont surtout les adultes qui sont violents. Pas les enfants !**

On utilise la violence quand on n'arrive pas à se parler.

**La violence fait partie de la vie, mais il faut la combattre.**

**On est violent quand on pense que l'autre ne vaut rien et qu'on a tous les droits.**

On est violent quand on veut imposer à l'autre sa façon de penser.

On est violent quand on s'attaque à l'autre pour lui faire mal.

Si tu as d'autres idées, complète sur une feuille de papier (ou dans un cahier) : ***« Pour moi la violence, c'est... »***

POURQUOI IL Y A DES GENS PAUVRES DANS LA RUE ?

POURQUOI ON N'EST PAS LIBR
DE FAIRE CE QU'ON VEUT ?

POURQUOI ON SE FAIT PUNIR POUR DES PETITES BÊTISES ?

POURQUOI CE SONT LES ADULTES QUI COMMANDENT ?

POURQUOI LE MALHEUR EXISTE ?

POURQUOI À L'ÉCOLE, ON NE GAGNE PAS D'ARGENT ALORS QU'ON TRAVAILLE ?

POURQUOI ON NE PEUT PAS AVOIR TOUT CE QU'ON VEUT ?

POURQUOI IL Y A DES GENS PAUVRES DANS LA RUE ?

POURQUOI LES ENFANTS DOIVENT OBÉIR, MÊME SI C'EST PAS JUSTE ?

POURQUOI IL Y A DES GENS RACISTES ?

POURQUOI ON NE PEUT PAS AVOIR TOUT CE QU'ON VEUT ?

POURQUOI IL Y A DES GENS RACISTES ?

POURQUOI ON N'AIDE PAS LES PAUVRES ?

POURQUOI ON SE FAIT PUNIR POUR DES PETITES BÊTISES ?

POURQUOI LES ENFANTS DOIVENT OBÉIR, MÊME SI C'EST PAS JUSTE ?

POURQUOI CE SONT LES ADULTES QUI COMMANDENT ?

POURQUOI ON N'AIDE PAS LES PAUVRES ?

POURQUOI IL Y A DES GENS PAUVRES DANS LA RUE ?

POURQUOI ON NE PEUT PAS AVOIR TOUT CE QU'ON VEUT ?

POURQUOI CE SONT LES ADULTES QUI COMMANDEN

POURQUOI IL Y A DES GENS PAUVRES DANS LA RUE ?

# C'EST PAS JUSTE !

## On en parle à la récré...

Morgan, Pierre, Maxence, Tony, Jeanne, Hugo, Ilman et Roman parlent de la justice. Qu'est-ce qui est juste et qu'est-ce qui n'est pas juste, dans la vie ?

C'est pas juste de devoir attendre sa mère qui fait les boutiques !
Tony

« Ce n'est pas juste que les plus grands embêtent les plus petits à l'école. »
Roman

Dans le tremblement de terre en Haïti, un papa a été emporté avec son bébé dans les bras. Ce n'est pas juste que tous ces gens soient morts.
Tony

« Si on est victime d'une injustice, il faut le dire à la maîtresse ou à ses parents. »
Jeanne

« On trouve ça injuste quand les autres ont eu quelque chose qu'on n'a pas. »
Maxence

Dans mon quartier,
il y avait un SDF
qui s'appelait Joseph.
En hiver, ils l'ont expulsé
du squat où il vivait.
Et il est mort,
à cause du froid.
C'est pas juste !
Morgan

« On peut porter plainte à la police. Il faut appeler le 17. »
Pierre

« Il faut des lois pour faire régner la justice. Sans règles, sans lois, c'est la guerre. »
Ilman

« La guerre, ce n'est pas juste. Il y a plein de gens qui n'avaient pas choisi de la faire et qui meurent quand même. »
Hugo

# POURQUOI TANT D'INJUSTICES ?

## Les injustices de tous les jours

À la maison, à l'école, dans la vie quotidienne, on vit parfois des injustices. Un copain qui bavarde et qui nous laisse accuser ; un grand frère qui a le droit de regarder la télévision alors que l'on doit aller se coucher ; un adulte qui nous gronde alors que l'on voulait bien faire. On se sent parfois incompris !

**Ni juste ni injuste** « C'est pas juste ! » : on emploie facilement cette expression quand quelque chose ne va pas comme on voudrait. Attention, tout ce qui nous contrarie, n'est pas de l'injustice ! Quand un imprévu arrive (la pluie, un rhume, un copain qui déménage), c'est désolant, mais ce n'est pas injuste pour autant. Ce n'est ni juste ni injuste : c'est comme ça, c'est simplement la vie.

## LA BONNE IDÉE

### Jeu de rôle

**À plusieurs, inventez un personnage, « le roi injuste » ou « la reine capricieuse », et faites la liste de toutes les décisions injustes qu'il prend dans son pays. Inventez à côté le « Royaume de la justice » et dressez la liste de toutes les règles qui font que tout se passe bien dans ce pays-là.**

**Les injustices dans le monde** Dans les journaux, à la télévision, on entend et on voit beaucoup d'injustices : des personnes qui dorment dans la rue, des enfants qui fouillent dans les poubelles pour manger, des femmes battues ou des familles qui fuient la guerre. C'est injuste que tous les êtres humains n'aient pas le droit de vivre en paix, d'avoir de quoi manger et se loger, de travailler, d'être respectés ou de pouvoir s'exprimer librement.

## ;) CLIN D'ŒIL

### Caliméro

**Connais-tu ce petit héros de dessin animé ? C'est un poussin noir qui porte sur la tête un bout de coquille brisée. Il a toujours l'impression que tout le monde lui en veut. Sa phrase fétiche ? « C'est vraiment trop injuste ! »**

**La vie n'est pas équitable** Certaines injustices ne dépendent pas uniquement de notre volonté. C'est injuste d'être atteint d'un handicap ou d'une grave maladie ; c'est injuste que certains endroits de la planète manquent d'eau ; c'est injuste d'être orphelin. On ne pourra jamais faire disparaître certaines injustices. Mais on peut aider tous ceux qui sont moins gâtés que nous par la vie !

**L'injustice nous rend triste** C'est vrai, l'injustice nous rend triste, malheureux, en colère aussi souvent. On a le droit de le dire ! Mais on n'a pas le droit de tout casser, de voler ou de se battre, pour se venger. Si on veut réussir à vivre ensemble dans un monde plus juste, la solution n'est pas de faire la justice avec ses poings !

# C'EST QUOI LA JUSTICE ?

**L'idée de partager** On a souvent envie de se servir d'abord, ou de tout garder pour soi tout seul. Si on veut que les choses soient plus justes, on peut d'abord penser à partager. Et partager de façon équitable : le plus juste, c'est que chacun ait la même part, non ? On dirait bien que la justice commence par là !

**Une égalité parfaite ?** La justice, est-ce vraiment donner exactement la même chose à chacun? Nous sommes tous différents : nos rêves, nos goûts, nos envies ne sont pas les mêmes. À quoi servirait d'avoir la même chose que son voisin? La justice doit plutôt viser à donner à chacun ce dont il a besoin. Pas toujours facile !



## LE SAIS-TU ?

### Le glaive et la balance

**On représente souvent la justice par une femme qui tient dans sa main droite un glaive et dans sa main gauche une balance. La balance représente l'idée d'équilibre, de mesure et d'« impartialité » : la justice ne doit pencher en faveur d'aucune partie. Le glaive, lui, rappelle que juger ne consiste pas seulement à examiner, peser, équilibrer, mais aussi à trancher et sanctionner.**

## Des lois pour agir

Pour construire la justice, on a besoin de lois qui permettent de mieux répartir les richesses et qui protègent nos droits. Les adultes paient des impôts par exemple, pour construire des écoles, des hôpitaux ou des routes pour tous. Les plus riches participent davantage. Le but, c'est que les lois soient justes, pour tout le monde. Ce n'est pas toujours le cas : il y a eu, dans l'histoire, des lois contre les droits des Noirs, des femmes ou des plus pauvres.

**Qui fait la justice ?** Beaucoup d'adultes commandent dans la vie de tous les jours : les parents, les directeurs d'école, les patrons, les maires... Attention, il peut arriver que ceux qui commandent ne soient pas justes ! Heureusement, il y a des règlements, des lois à respecter. En cas de conflit, on peut se tourner vers la justice : les magistrats sont là pour protéger les droits de chacun, juger et punir ceux qui n'ont pas respecté les lois.

**Pourquoi punit-on ?** On punit quelqu'un qui n'a pas respecté les règles établies pour bien vivre ensemble. Voler, tuer, agresser, conduire trop vite sont des comportements qui ne respectent pas les autres et mettent leur vie en danger. Les punitions sont là pour réparer une injustice, pour faire réfléchir et faire peur aussi : pour qu'on n'ait pas envie de recommencer !

**DICO**

**Justice**

**Des mots opposés à « justice » : injustice, violence, illégalité, inégalité.**

# COMMENT LUTTER CONTRE LES INJUSTICES ?

## LE SAIS-TU ?

### Les « Justes »

**Pendant la Seconde Guerre mondiale, les juifs ont été pourchassés et assassinés. Des hommes et des femmes ont essayé de les aider, au péril de leur vie, en les cachant ou en les aidant à fuir. Ils ont mérité le titre de « Justes ». C'est ce qu'a décidé l'État d'Israël en leur décernant la médaille des « Justes de la Nation ». Sur cette médaille, il est écrit : « Quiconque sauve une vie sauve l'univers tout entier. »**

## Non à la violence !

On ne réagit pas tous pareil face à une injustice : certains sont muets, incapables de se défendre ; d'autres, plus violents, veulent se venger. La violence ou la vengeance permettent-elles vraiment de rétablir la justice ? On doit toujours se défendre d'une injustice, mais on peut se battre sans être violent, non ? On peut transformer sa colère en énergie pour changer les choses.



## Oui au respect de tous !

Que l'on soit noir ou blanc, pauvre ou riche, et où que l'on habite, on a tous les mêmes droits, on est tous égaux. La Déclaration universelle des droits de l'homme dresse la liste des droits des hommes du monde entier. La plupart des pays du monde ont signé cette déclaration, mais les droits de l'homme ne sont pas respectés partout. C'est important de connaître ces droits et de les faire connaître à tous, pour changer le regard des hommes entre eux.

## Oui à la solidarité !

La vie est moins facile pour certains : parce qu'ils sont handicapés, parce qu'ils sont très pauvres, parce qu'ils sont vieux, ou qu'ils sont seuls. L'injustice, c'est de ne rien faire pour ceux qui ont besoin d'aide ! Au lieu de les exclure, de les rejeter, si on inventait des idées pour les aider ? Cela s'appelle la « solidarité ».

## Comment agir ?

L'injustice existe, il n'y a qu'à regarder autour de nous. Souvent, on préfère fermer les yeux. Pourtant, on est tous concernés par le bonheur ET le malheur des hommes. Agir, c'est d'abord accepter de voir, d'entendre les injustices. Ensuite, c'est avoir le courage de les dénoncer. Quand un grand terrorise un petit, quand un élève se moque d'un autre en difficulté, on doit le dire !

## LA BONNE IDÉE

### Club solidarité

**Et si tu lançais dans ta classe un groupe d'entraide ? Aide aux devoirs, prêt de matériel, organisation de jeux dans la cour... chacun sa spécialité ! Ceux qui se débrouillent mieux aident ceux qui ont des difficultés. Bonne ambiance assurée dans la classe !**

## Jamais trop tard

On ne sait pas toujours quoi dire, ni quoi faire face à l'injustice. Parfois, il nous faut un peu de temps pour réagir. Mais il n'est jamais trop tard ! Que l'on ait été victime d'une injustice ou que l'on veuille aider les autres, il n'est jamais trop tard pour en parler et pour agir. Et à plusieurs, c'est plus facile de se faire entendre...

# La justice, c'est...

On est juste quand on aide ceux qui en ont besoin.

La justice, c'est défendre les gens fragiles, ceux qui n'ont rien, ceux qui souffrent.



**Être juste, c'est penser aux autres.**

**Rendre la justice, c'est d'abord punir !**

Rendre la justice, c'est regarder qui n'a pas respecté les règles.

On est juste quand on tape pour faire régner l'ordre !

On fait avancer la justice quand on dénonce ceux qui maltraitent les autres.

C'est tout à fait juste de commander parce qu'on est le plus fort !

**On fait avancer la justice quand on encourage la solidarité entre les hommes.**

La justice, c'est réfléchir et discuter, au lieu de se mettre en colère.

Pour respecter la justice, il faut respecter les lois et les règles.

**Pour faire régner la justice, il faut inventer des solutions nouvelles.**

Si tu as d'autres idées, complète sur une feuille de papier (ou dans un cahier) :
***« Pour moi la justice, c'est... »***

POURQUOI ON N'A PAS TOUS LES MÊMES GOÛTS ?

POURQUOI ON DIT QUE LA MODE, C'EST BEAU ?

EST-CE QUE L'ART, C'EST FORCÉMENT BEAU ?

EST-CE QU'ON EST OBLIGÉ D'AIMER TOUS LES MÊMES CHOSES ?

POURQUOI ON EST PLUTÔT ATTIRÉ PAR LES GENS BEAUX ?

POURQUOI IL Y A DES CHOSES LAIDES MAIS QUI SONT TRÈS BONNES, COMME LE ROQUEFORT ?

EST-CE QUE L'ART, C'EST FORCÉMENT BEAU ?

POURQUOI ON EST P… PAR LES GENS BEAUX…

C'EST BEAU OU C'EST PAS BEAU UNE VILLE ?

EST-CE QUE L'ART, C'EST FORCÉMENT BEAU ?

EST-CE QU'ON EST OBLIGÉ… TOUS LES MÊMES CHOSES…

EST-CE QUE LA NATURE EST BELLE, MÊME QUAND IL Y A UN TSUNAMI ?

POURQUOI ON N'A PAS TOUS LES MÊMES GOÛTS ?

LA BEAUTÉ, C'EST L'APPARENCE OU C'EST À L'INTÉRIEUR DE N…

POURQUOI ON DIT QUE LA MODE, C'EST BEAU ?

QU'EST-CE QUI PEUT NOUS RENDRE BEAU…

EST-CE QUE LA NATURE EST BELLE, MÊME QUAND IL Y A UN TSUNAMI ?

LA BEAUTÉ, C'EST L'APPARENCE OU C'EST À L'INTÉRIEUR DE NOUS ?

POURQUOI IL Y A DES CHOSES LAIDES MAIS QUI SONT TRÈS BONNES, COMME LE ROQUEFORT ?

# BEAU OU PAS BEAU : QUI DÉCIDE ?

## On en parle à la récré...

Morgan, Maxence, Sacha, Églantine, Marie et Ilman se posent beaucoup de questions sur la beauté : qu'est-ce qui est beau, qu'est-ce qui est laid ? Qui décide ? Est-ce important d'être beau dans la vie ?

**Mon papa a vécu en Italie et du coup, j'aime l'Italie, je trouve que c'est un beau pays. On trouve beau ce qu'on connaît.**

Marie

**« "Beau", c'est magnifique, ça a de la splendeur ! Comme un tableau par exemple. »**

Sacha

**« Ma grande sœur qui va avoir 18 ans se maquille trop. Je trouve ça moche. »**

Morgan

« Les bruits, ça peut être beau aussi. Moi j'adore entendre la mer. La nuit, je mets ma main sur mon oreille, comme un coquillage, j'entends la mer et après je m'endors. »

Maxence

« On n'est pas toujours tous d'accord sur ce qu'on trouve beau ! »

Églantine

Pour mon petit frère, il n'y a rien de plus beau que les tracto-pelles et les tracteurs...
Sacha

« Il n'y a pas que l'apparence qui compte, il y a aussi la beauté intérieure. Le copain de mon grand-père est aveugle. Il ne voit pas sa femme, mais elle est tellement gentille qu'il la trouve belle ! »
Maxence

« Quand on est moche, on n'a pas envie de se faire voir. On n'a pas confiance. Je préfère être un petit peu beau. »
Sacha

« C'est beau d'être né pour voir le monde. Ça vaut le coup ! »
Ilman

# « BEAU », ÇA VEUT DIRE QUOI ?

## La définition du dictionnaire

Ce qui est beau est harmonieux et attirant, agréable à voir ou à entendre : on parle d'un beau tableau, d'une belle musique, d'une belle femme. « Beau » peut vouloir dire « réussi » : quand on parle d'un beau voyage. Ou encore « important » : si on dit une belle somme d'argent ! Et quand on parle d'un « beau geste », beau a un sens moral : c'est un geste gentil, bon, généreux… Que de sens pour un seul mot !

## CINÉMA

### « T'as d'beaux yeux tu sais ! »

**Connais-tu cette célèbre réplique de cinéma ? On la trouve dans un vieux film français en noir et blanc, *Quai des brumes*. C'est l'acteur Jean Gabin qui plonge son regard dans les yeux magnifiques de l'actrice Michèle Morgan…**

**Une beauté universelle ?** Dans la nature, certains paysages nous mettent tous d'accord : un coucher de soleil, un ciel étoilé… En les contemplant, on a l'impression d'une grâce qui nous dépasse. Les hommes créent aussi des choses que tout le monde s'accorde à trouver belles : peintures, sculptures, châteaux, églises… Souvent leur composition respecte certaines règles (architecturales, picturales), et il s'en dégage une grande beauté, comme une perfection.

**Pas tous d'accord !** Pourtant dans la vie, on ne peut pas faire deux colonnes et décider une fois pour toutes, de ce qui est beau, de ce qui est laid. En vérité, on n'a pas tous les mêmes goûts. Nos goûts dépendent de notre culture, de notre époque, de nos souvenirs aussi : on trouve beau le village de notre enfance, la tour Eiffel ou le bibelot en plastique rapporté d'un voyage en Égypte…

## LE SAIS-TU ?

### Des expressions à la pelle !

**« Faire le beau » (se pavaner) ; « avoir beau faire » (essayer sans y arriver) ; « c'est du beau ! » (il n'y a pas de quoi être fier)… sont quelques-unes des expressions les plus courantes qui emploient le mot « beau ». En connais-tu d'autres ?**

**La beauté intérieure** Il y a la beauté physique, les beaux traits d'un visage par exemple ; il y a aussi ce que l'on devine derrière ces yeux, cette bouche, ce sourire : une gentillesse, une générosité, une bonté. C'est ce que l'on appelle la beauté « intérieure ». C'est elle qui nous attire, souvent, chez les autres. La beauté physique ne suffit pas. Nos gestes, nos paroles peuvent nous rendre beaux ou laids.

**Le beau existe-t-il vraiment ?** On peut toujours dire qu'une belle chose est unique, incomparable… Mais ce qui est beau est différent pour chacun. En vérité, la beauté ne vient pas de l'objet, elle vient de notre regard : c'est nous qui trouvons un objet beau ou laid ! Et on peut même ajouter que l'on perçoit la beauté avec ses yeux mais aussi, surtout, avec son cœur. La beauté est quelque chose que l'on ressent tout au fond de soi.

# QU'EST-CE QUI EST BEAU ?

**Une question de culture et d'époque** Au XVIIe siècle, on aimait les femmes rondes, aujourd'hui, il faudrait être mince, presque maigre ! Au Japon, les sumos sont des dieux vivants, mais en Europe, leur corps nous choque. On pourrait multiplier les exemples : robe longue ou minijupe, animal fétiche ou détesté… On le voit bien, les critères du beau sont différents selon les époques, les pays, les cultures.

**C'est à la mode, alors c'est beau ?** La mode décide des tendances (formes, couleurs, accessoires) pour nous séduire. Et chaque année, la mode change, car l'important, c'est de vendre toujours plus. Mais la séduction et la beauté ne sont-elles pas deux choses différentes ? La mode se soucie uniquement des apparences. Le beau, au contraire, ne serait-ce pas ce qui dure, ce qui résiste à l'épreuve du temps et que l'on trouve beau longtemps ?

## LA BONNE IDÉE

### Ton inventaire du beau

**Dans un carnet, trace sur une page deux colonnes. Dans l'une, tu commences la liste de ce que tu trouves beau (des objets, des lieux, des personnes…) ; dans l'autre, tu fais la liste de tout ce que tu trouves laid dans la vie. Un inventaire à compléter et à modifier au fur et à mesure que tu grandis !**

**C'est de l'art, alors c'est beau ?** Depuis toujours, les hommes créent des objets, peignent des tableaux, écrivent des livres ou inventent des musiques à travers lesquels ils expriment leurs émotions, leur sensibilité. Chacun est libre de créer. Ces œuvres nous touchent... ou ne nous touchent pas ! On a le droit de ne pas trouver ça beau. Parfois, on est surpris par une œuvre. Si quelqu'un nous explique sa composition, nous aide à mieux comprendre ce qu'elle représente, elle nous plaît davantage.

**CITATION**

**« Demandez à un crapaud ce que c'est que la beauté. Il vous répondra que c'est sa crapaude avec deux gros yeux ronds sortant de sa petite tête... »**
**(Voltaire, *Dictionnaire philosophique*)**

**Il est beau puisque je l'aime !** On a tous un vieux doudou tout déchiré que l'on trouve le plus beau du monde. Pourtant, aucun autre enfant n'en voudrait, même si on le lui donnait ! Nous, on le trouve beau parce qu'on l'aime. On trouve beaux en général les endroits, les choses ou les personnes que l'on connaît et que l'on apprécie. Tous les parents trouvent que leurs enfants sont les plus beaux du monde !

**La part de mystère** On le sent, ce qui est beau nous donne des émotions. Parfois, on ne trouve même pas de mots pour dire ce que l'on ressent. La beauté est une émotion qui nous rend heureux. Elle peut aussi nous faire pleurer, parfois, « tellement c'est beau » : en écoutant une musique, en touchant une sculpture, en regardant un visage peint. C'est bien de laisser à la beauté sa part de mystère : elle est dans ce qui nous émerveille, nous surprend, nous émeut.

# C'EST IMPORTANT LA BEAUTÉ DANS LA VIE ?

**Méfions-nous des apparences** En vérité, la beauté extérieure ne devrait pas compter, mais elle nous influence quand même. Notre regard est attiré par la beauté, et on ira plus volontiers vers une personne au physique agréable, que vers une personne moins jolie... Pourtant « beauté » ne veut pas dire « gentillesse » et « laideur » ne signifie pas « méchanceté » ! Méfions-nous des beaux habits et des jolies figures, qui peuvent largement nous décevoir, au fond, quand on cherche à voir derrière les apparences !

**La beauté rend la vie plus légère** Avez-vous remarqué comme la beauté qui nous entoure influence nos pensées, notre humeur ? Un bel endroit ou une belle musique ont tendance à nous rendre heureux, plus joyeux ! C'est comme une consolation face aux petits tracas de la vie de tous les jours, quand on a raté un contrôle ou que l'on s'est fâché avec son meilleur ami... La beauté invite à la rêverie, elle nous entraîne dans l'imaginaire, parfois loin de la réalité.

## Vive la diversité !

Du beau partout pareil et « prêt à consommer », quel intérêt ? À force de lisser les visages, les formes, les couleurs dans les magazines, plus rien ne nous émeut. Dans la vie, est-ce que ce ne sont pas au contraire les différences, la diversité, qui captent notre attention et nous font réfléchir ? On est touché par la beauté d'une forme, d'une couleur, d'un texte ou d'une mélodie venus nous surprendre...

**Cultivons la beauté !** Nous avons la chance de vivre dans un monde où la beauté existe : dans la nature, les œuvres d'art, chez les autres, la beauté est là, tout autour de nous ! Prenons le temps de regarder, d'admirer, de comprendre ce qui est beau. Au pied d'un arbre, au bord de l'océan, au milieu d'une réunion de famille ou de copains, laissons-nous envahir par l'émotion que provoque une belle lumière, un sourire ou une voix qu'on aime. La beauté nous rend heureux, cultivons-la !

## LE SAIS-TU ?

### Photos retouchées

**Plus une seule photo « naturelle » à la une de nos magazines aujourd'hui ! Les outils informatiques permettent désormais aux spécialistes du numérique de retoucher toutes les imperfections d'un visage, d'un corps ou d'un paysage pour donner l'illusion d'une beauté parfaite. Tant de perfection, ça pourrait finir par lasser, non ?!**

## À TOI DE JOUER !

### Secrets de beauté

**Devenir une « belle personne » est à la portée de tout le monde. Dresse la liste des dix conseils indispensables, selon toi, pour devenir une belle personne...**

# La beauté, c'est...

**Être beau, c'est très important dans la vie**

**Être beau n'est pas ce qu'il y a de plus important dans la vie.**



La beauté,
c'est comme la mode,
ça ne dure pas.

**Beauté rime parfois avec méchanceté.**

**Ce qui est beau n'est pas forcément à la mode.**

**La beauté peut nous faire pleurer.**

La beauté fait peur parfois.

Tout est beau, il suffit de s'arrêter pour regarder.

**La beauté nous fait rêver, elle nous emmène parfois loin de la réalité.**

Mieux vaut être moche et intelligent que beau et bête.

La beauté nous attire comme un aimant.

**On est libre de trouver beau ce qu'on veut.**

Si tu as d'autres idées, complète sur une feuille de papier (ou dans un cahier) :
***« Pour moi la beauté, c'est... »***

POURQUOI IL Y A DE LA POLLUTION ?

POURQUOI A-T-ON INVENTÉ LES VOITURES, PUISQUE ÇA POLLUE ?

ÇA VEUT DIRE QUOI L'ÉCOLOGIE ?

POURQUOI LES ADULTES JETTENT DES PAPIERS PAR TERR

POURQUOI, DANS LES PAYS PAUVRES, IL Y A PLEIN DE POUBELLES PARTOUT ?

À QUOI ÇA SERT DE TRIER LES DÉCHETS ?

POURQUOI ON MANQUE D'EAU, ALORS QU'IL Y A DES OCÉANS IMMENSES ?

COMMENT PEUT-ON FAIRE P MOINS POLLUER LA PLANÈ

À QUOI ÇA SERT DE TRIER LES DÉCHETS

POURQUOI C'EST IMPORTANT DE PROTÉGER LA NATURE ?

POURQUOI JE SUIS RESPONSABLE DE LA PLANÈTE ?

POURQUOI LES ADULTES JETTENT DES PAPIERS PAR TERRE ?

COMMENT PEUT-ON FAIRE POUR MOINS POLLUER LA PLANÈTE ?

OURQUOI ON MANQUE D'EAU, LORS QU'IL Y A DES OCÉANS IMMENSES ?

POURQUOI C'EST IMPORTANT DE PROTÉGER LA NATUR

POURQUOI IL Y A DE LA POLLUTION ?

POURQUOI LES ADULTES JETTENT DES PAPIERS PA

# À QUOI ÇA SERT DE TRIER SES DÉCHETS ?

ÇA VEUT DIRE QUOI L'ÉCOLOGIE ?

POURQUOI A-T-ON INVENTÉ LES VOITU PUISQUE ÇA POLLU

# ALLÔ, LA TERRE ?

## On en parle à la récré…

Yaancoub, Ilman, Maxence, Morgan, Églantine, Roman et Hugo s'intéressent à la planète Terre. Ils se demandent comment on peut la protéger.

Il y a des pays où les gens manquent d'eau, alors que nous, dans nos pays riches, on la gaspille !
Yaancoub

« Dans le film *Océans*, on voit flotter dans la mer des Caddies de supermarché, des boîtes de conserve, des canettes… Une vraie poubelle ! »
Roman

« On peut tous s'y mettre :
1 geste
+ 1 geste
+ 1 geste,
ça protège ! »
Morgan

Parfois, il y a des marées noires, c'est du pétrole qui s'échappe dans la mer à cause des hommes.
Églantine

« On a visité une usine de retraitement des déchets, avec l'école. Ils trient le carton, le papier, les bouteilles plastiques pour les recycler. Le reste part dans une autre usine pour être brûlé. »
Ilman

« L'autre fois dans la rue, j'ai compté 195 mégots par terre, entre chez moi et l'école ! »
Maxence

Nos habits trop petits, on peut les déposer dans les bacs de relais pour les donner à d'autres.
Yaancoub

« À cause des marées noires, les oiseaux et les poissons meurent, et on ne peut plus se baigner. On envoie les oiseaux dans des centres pour les soigner parce qu'ils ont avalé du pétrole qui les étouffe et leur colle les ailes. »
Morgan

« Chez moi, dans la cuisine, on a mis une affiche pour trier les déchets. Et on n'achète plus de bouteilles : on en garde une et on la remplit d'eau quand elle est vide. »
Roman

# MAIS QUE SE PASSE-T-IL SUR LA PLANÈTE ?

**Toujours plus vite, plus loin !** Les inventions, les progrès techniques et scientifiques ont modifié nos façons de vivre. Les progrès de la médecine nous permettent de vivre plus longtemps ; le développement des transports, de nous déplacer plus vite et plus loin ! Mais cette évolution a provoqué des bouleversements dans l'environnement : les eaux sont polluées, l'air se réchauffe, des animaux disparaissent… La Terre, un jour, deviendra-t-elle invivable ?

**On prend trop** Pour produire des objets, de la nourriture, on puise dans les ressources de la Terre… et on épuise les réserves naturelles ! Pire : on pollue la terre en utilisant des engrais ou des produits chimiques pour que les plantes poussent plus vite ! Si on coupe des arbres sans en replanter, si on pêche trop de poissons et qu'ils n'ont plus le temps de se reproduire ; si on pollue la Terre… tout finira-t-il par disparaître ?

## CITATION

**« Tu crois que les adultes auront remis le monde en état quand ils nous le passeront ? »**
(Bill Watterson, *Calvin et Hobbes : on est fait comme des rats !*)

**On jette trop** Chaque français produit aujourd'hui environ un kilo de déchets par jour. Si on multiplie par 365 jours et 63 millions de français, cela fait 22 millions de tonnes de déchets chaque année ! Il faut ajouter l'industrie, qui produit environ 150 millions de tonnes de déchets par an, ainsi que l'agriculture et l'industrie agroalimentaire qui en produisent 400 millions... C'est beaucoup trop de déchets pour un petit pays comme la France !

**On pollue trop** Il n'y a pas que nos poubelles qui polluent. Les voitures, les usines, les avions, les aérosols rejettent des gaz toxiques dans l'air, qui trouent la couche d'ozone (qui protège la Terre du soleil). Les engrais chimiques polluent la terre et l'eau. La pollution de l'eau empoisonne les animaux ; la pollution du sol épuise la terre...

**DICO**

**OGM**

**Connais-tu ce sigle ? Il signifie : Organisme Génétiquement Modifié. L'homme arrive désormais à modifier les gènes des êtres vivants et des plantes, pour changer ce qui était prévu dans leur développement. C'est formidable car cela peut permettre de soigner certaines maladies ou malformations chez les bébés. Mais quand il s'agit de faire pousser les plantes plus vite ou de leur donner un goût différent, on peut se poser des questions ! Les OGM sont-ils inoffensifs ?**

**On rend la vie plus fragile**
L'espèce humaine ne vit pas seule sur la Terre. Elle cohabite avec les animaux et les plantes. Tous les êtres vivants participent aux cycles de la nature (le cycle de l'eau, des saisons, la chaîne alimentaire...). Si certaines espèces ou certaines plantes disparaissent, l'équilibre de la nature est menacé, et c'est la survie de tous les êtres vivants sur Terre qui est en danger !

# RESPECTER L'ENVIRONNEMENT : POUR QUOI FAIRE ?

**On est de plus en plus nombreux** Le nombre d'habitants sur la planète ne cesse d'augmenter : 2 milliards en 1930, 6 milliards en 2000 et sans doute 9 à 10 milliards en 2100 ! Si on regarde notre façon de vivre et tout ce que l'on consomme aujourd'hui, on se demande comment la planète pourra résister ! Il risque d'y avoir bientôt des pénuries d'eau, de nourriture, d'énergie et de santé, ou des problèmes de pollution.

## DICO

### La « Charte pour l'environnement »

**Elle a été adoptée en France en 2005. On y trouve les droits, les devoirs et les grands principes pour agir en faveur du développement durable.**

**La nature est vitale** On a tous besoin de la nature pour survivre : les plantes vertes rejettent dans l'air un gaz très important, l'oxygène, qui nous permet de respirer. La nourriture qui vient de la terre est bonne pour notre santé. Enfin, vivre au milieu du béton, des panneaux publicitaires, des voitures, du bruit... on n'en meurt pas ! Mais contempler un paysage, écouter le bruit d'un ruisseau, sentir l'herbe fraîche, sont des émotions précieuses !

**C'est quoi l'écologie ?** On entend parler de produits écologiques, des partis politiques écologistes, des moyens de transports écologiques... Au fait, c'est quoi l'écologie ? Le mot vient du grec *oikos* qui signifie « maison » et *logos*, « science ». L'écologie étudie les relations entre les êtres vivants (hommes, animaux, plantes) et les milieux où ils vivent (l'habitat, l'environnement). Aujourd'hui, les écologistes tirent la sonnette d'alarme : les activités de l'homme modifient trop l'environnement !

**Tous concernés !** Difficile de combattre la pollution si les pays ne se mettent pas d'accord entre eux. Lors du Sommet de la Terre à Rio de Janeiro, en 1992, 178 pays se sont engagés à protéger la planète. Au programme : partager les richesses, économiser les ressources, être solidaire des pays plus pauvres... On parle désormais de « développement durable » : c'est un développement qui répond à nos besoins, sans menacer les ressources des générations futures. Mais pour que ça marche, il faut que tout le monde participe !

**LE SAIS-TU ?**

**Ça fait réfléchir !**

**Un chewing-gum abandonné dans la nature met cinq ans à disparaître, une boîte de conserve cent ans, une bouteille en plastique cinq cents ans...**

**Gaspiller ne rend pas heureux !** Tous les jours, on gaspille de la nourriture, de l'énergie, de l'eau... Consommer toujours plus et jeter toujours plus, est-ce que cela nous rend plus heureux dans la vie ? On vit dans un environnement envahi par les images, le bruit, les odeurs. Cela provoque chez beaucoup de personnes du stress, de l'agressivité, du découragement parfois. Est-ce vraiment la vie dont nous rêvons ? Il n'est pas trop tard pour faire évoluer nos habitudes.

# INVENTONS LE FUTUR !

**Un vrai débat** L'avenir de la planète nous concerne tous, enfants comme adultes. C'est important de pouvoir en parler, de s'informer et de réfléchir ensemble. On a tous le droit d'exprimer un avis sur l'utilisation des voitures ou des vélos en ville, la présence ou non d'OGM dans les aliments servis à la cantine, les économies d'énergie ou d'eau dans les couloirs de l'école… Bien sûr, ce sont les adultes qui font les lois. Mais ils ont parfois besoin de l'avis et de la mobilisation des enfants pour faire les bons choix !



**Des gestes responsables** Il ne s'agit pas d'abandonner le progrès, de revenir en arrière, à une époque où on n'avait pas l'électricité ou l'eau courante ! Il s'agit de redevenir respectueux, responsable, attentionné envers la nature. Chaque geste compte ! Mis bout à bout, ils permettront de faire changer les choses. Parmi ces gestes responsables, on peut penser à trier, donner, nettoyer son école, sa rue, son quartier, bien isoler sa maison, choisir d'acheter des produits avec le moins d'emballage possible ou pratiquer le covoiturage…

**Tous solidaires** On achète sans cesse de nouveaux gadgets parce que la publicité nous persuade qu'on en a besoin ! On peut dire stop à la pub, en regardant moins la télé ou en mettant un autocollant sur sa boîte aux lettres. On sera moins tenté d'acheter ! On peut aussi se demander si ce qu'on achète a été fabriqué dans de bonnes conditions et de façon juste : ni par des enfants, ni par des adultes sous-payés. Des produits portent maintenant l'étiquette « commerce équitable ». Cela veut dire qu'ils ont été fabriqués dans des conditions qui respectent les droits de l'homme et des enfants.

## LE SAIS-TU ?

### Recyclage

**Avec 10 tonnes de papier usagé, on fait 9 tonnes de papier recyclé. Avec 27 bouteilles en plastique, on fait un pull en laine polaire. Avec 670 canettes en aluminium, on fabrique un vélo.**

**Pour un monde plus beau** Protéger la planète est aussi une question d'imagination ! On est tous responsable de l'avenir de la Terre et on peut tous avoir de bonnes idées pour inventer un monde meilleur. Un cadeau à faire ? Si on offrait un arbre à planter ? Envie de nouveaux vêtements ? Si on personnalisait son jean ou son blouson pour lui offrir une deuxième vie ? C'est mon anniversaire ? Si je demandais des jumelles, un vélo ou une loupe (plutôt qu'une console de jeux vidéo), pour observer la nature, mieux la connaître et mieux la respecter ?

## LA BONNE IDÉE

### « Une journée qui ne coûte rien ! »

**Participe à la « journée sans achats » (le dernier samedi de novembre) pour montrer que tu n'es pas une victime de la consommation (et surtout de la surconsommation). C'est l'occasion de ne rien acheter et de réfléchir : pourquoi on achète, qu'est-ce qu'on choisit d'acheter ? A-t-on vraiment besoin de cet objet ?**

# Protéger la planète, c'est...



Vivre dans son coin, sans se poser de questions, sans changer ses petites habitudes.

**Prendre une douche au lieu d'un bain.**

M.208 ตลาดน้ำดำเนินสะดวก จ.ราชบุรี

**Se déplacer à vélo plutôt qu'en auto !**

**Avoir deux portables, trois ordinateurs, deux télévisions et trois consoles de jeux.**

**Vivre sans penser à demain.**

Trier mes poubelles.

Apprendre à regarder la nature, pour mieux la connaître et mieux la respecter.

**Vouloir un monde où les pauvres soient moins pauvres et où les riches partagent.**

Éteindre la lumière quand on quitte une pièce.

Acheter, acheter, acheter.

Repérer dans les magasins les produits « commerce équitable ».

**Penser à regarder ce qui reste dans les placards avant d'aller faire des courses.**

Si tu as d'autres idées, complète sur une feuille de papier (ou dans un cahier) :
***« Pour moi protéger la planète, c'est... »***

COMMENT EST NÉ LE PREMIER HOMME ?

POURQUOI APRÈS LA VIE,
IL Y A LA MORT ?

EST-CE QUE ÇA EXISTE LE PARADIS ?

POURQUOI ON MEURT ?

POURQUOI ON A
QU'UNE SEULE VIE ?

QU'EST-CE QUI REND HEUREUX DANS LA VIE ?

POURQUOI ON EST NÉ ?

POURQUOI ON NE PEUT PAS VIVRE MILLE ANS ?

EST-CE QU'ON PEUT SAVOIR
CE QU'IL Y A APRÈS LA MORT ?

COMMENT EST NÉ
LE PREMIER HOMME ?

POURQUOI ON MEURT ?

POURQUOI LA VIE EST DURE, PARFOIS ?

EST-CE QUE ÇA EXISTE LE PARA

POURQUOI ON EST

POURQUOI APRÈS LA VIE,
IL Y A LA MORT ?

POURQUOI ON NE PEUT PAS VIVRE MILLE ANS ?

POURQUOI ON EST NÉ ?

POURQUOI ON MEURT ?

EST-CE QUE ÇA EXISTE LE PARADIS ?

POURQUOI ON A QU'UNE SEULE VIE ?

EST-CE QU'ON PEUT SAVOIR
CE QU'IL Y A APRÈS LA MO

# LA GRANDE QUESTION

## On en parle à la récré…

# Ilman, Maxence, Baptiste, Léon et Corentin se demandent pourquoi on existe. Pourquoi on vit et pourquoi, un jour, on meurt ?

C'est incroyable quand on pense à ce qu'on est, au départ, dans le ventre de sa mère !
Maxence

« C'est toujours la mort qui gagne dans la vie ! Il faut profiter d'être né et d'avoir des personnes qui nous aiment autour de nous. »
Ilman



« Ma grand-mamie a 92 ans, je trouve qu'elle a de la chance. Quand tu vis longtemps, tu as vraiment le temps de faire des choses. »
Baptiste

Quand tu vis jusqu'à cent ans, tu peux voir tes arrière-petits-enfants, et ça c'est magnifique !
Corentin

« On peut aussi en avoir marre de vivre quand on vit trop longtemps. Si on ne peut plus rien faire… »
Maxence

« La plus belle chose, c'est de mourir dans le sommeil. C'est plus doux pour tout le monde. Un accident ou une maladie, ça peut trop faire souffrir. »
Ilman

Moi, ce qui me rendrait le plus heureux, c'est de garder toute ma famille !
Léon

« Il y en a qu'on n'a pas connu dans sa famille, qui sont morts avant. Un grand-père, même son père parfois. Ça, c'est grave. »
Baptiste

« Moi je voudrais vivre "bienheureusement". »
Corentin

# POURQUOI ON A UNE VIE ?

**Le désir de vie** Le tout premier bébé, qui l'a fait ? On ne sait pas. On ne sait pas exactement comment la vie est apparue. Mais on sait que le plus souvent, c'est l'amour de deux êtres qui donne naissance à un enfant, une nouvelle vie. C'est aussi le désir de transmettre la vie ; l'envie qu'elle dure longtemps encore après que l'on a disparu. Le désir de vie nous habite tous profondément.



**La grande chaîne humaine** Pourquoi l'homme est-il là, pourquoi a-t-il été créé ? Pourquoi est-on né ? Tout le monde se pose, un jour, ces grandes questions sur l'homme et l'existence ! Personne ne peut y répondre précisément. Mais on a tous conscience de participer à l'histoire de l'humanité. C'est comme un lien qui nous unit, malgré nos différences.

**Une part de mystère** Certains se débattent toute leur vie avec tant de malheurs qu'ils n'arrivent plus à avancer. D'autres ont plus de chance. Mais d'autres encore, à qui la vie sourit, ne savent pas en profiter. Pourquoi ces vies si différentes ? Pourquoi ces chemins parfois plein d'obstacles, ou ces vies si vides et pleines d'ennui ? Qui choisit ? Qui décide ? On n'a pas fini de s'interroger sur la vie !

## LE SAIS-TU ?

### Beaucoup d'expressions comportent le mot « vie »

**Elles ont toutes un sens différent ! Les connais-tu ? La bourse ou la vie, avoir une double vie, voir la vie en rose, mener une vie de chien, une vie de patachon, la vie de château, regarder la vie en face... En connais-tu d'autres encore ?**

## Les moments précieux

Où que l'on vive, quels que soient les échecs ou les drames que l'on traverse, on croise tous dans sa vie de précieux moments de bonheur : amour, rencontres, découvertes inattendues, amitiés joyeuses... Dans ces moments intenses de l'existence, on trouve vraiment que la vie est belle !

## IMAGINE

### Portrait chinois

**Si la vie était une saison, quelle saison serait-elle ? Si la vie était une couleur, quelle couleur serait-elle ? Si la vie était un animal, quel animal serait-elle ? Si la vie était une odeur, quelle odeur serait-elle ? Si la vie était un souvenir, quel souvenir serait-elle ? Si la vie était un aliment que l'on mange, quel aliment serait-elle ?...**

# QUEL EST LE SENS DE LA VIE ?

## À quoi sert la vie ?

La vie sert à vivre ! Et vivre, ça veut dire quoi ? Chacun de nous peut apporter sa réponse, construire sa vie comme il le peut, comme il le veut. On peut vouloir vivre pour apprendre, s'amuser, aider les autres, travailler, aimer, améliorer le monde... Une vie peut être riche et bien remplie. À chacun de savoir ce qu'il veut mettre dedans !

**Chacun son chemin...** On n'aime pas tous les mêmes endroits, les mêmes amis, les mêmes films, les mêmes jeux... heureusement ! On n'a pas tous envie de construire sa vie de la même manière. L'essentiel, n'est-ce pas de trouver ce qui nous rend heureux ? Il suffit parfois de prendre le temps d'apprécier ce que l'on a : la liberté, l'amitié, l'amour ou encore la possibilité d'apprendre, de découvrir ou de contempler de belles choses...



## Savourer la joie de l'instant

Il y a des jours où l'on voit tout en noir. C'est comme ça pour tout le monde. Mais il faut aussi penser à se réjouir de la vie, même quand tout semble aller de travers ! Remarquer les choses agréables, profiter des bons moments ou des bonnes nouvelles. Pour soi et pour les autres. Et essayer de rendre heureux les gens autour de soi... Un bon programme, non ?

### DICO
### Bonheur

**Le bonheur existe dans toutes les langues ! Il se dit *happiness* (en anglais), *felicidad* (en espagnol), *felicità* (en italien), *Glück* (en allemand), *geluk* (en néerlandais)...**

**Jardin partagé** La vie est dure parfois : l'injustice existe, les guerres, la pauvreté, le malheur aussi. On peut être heureux chez soi, dans sa famille, et voir autour de soi des gens qui vivent mal et qui souffrent. Cela nous rend triste. Au fond, il est impossible d'être heureux tout seul, de ne penser qu'à soi ! Cultiver le bonheur à plusieurs, pour essayer de faire que tout le monde vive un peu mieux, ça rend la vie plus agréable !

## CITATION

**« Résiste,**
**Prouve que tu existes**
**Cherche ton bonheur partout, va,**
**Refuse ce monde égoïste**
**Résiste,**
**Suis ton cœur qui insiste... »**
(Michel Berger, *Résiste*)

**Laisser une trace.** On pourrait se dire que notre petite vie ne sert pas à grand-chose, chacun dans notre coin. Et se contenter d'une « petite » vie... ou au contraire, vouloir plus ! On a le droit de penser que chacun, à sa façon, apporte quelque chose à la vie du monde. Et avoir envie de laisser une trace ! Quelle trace ai-je envie de laisser sur Terre ? Allez, on y réfléchit ?

# POURQUOI ON MEURT ?

**La peur de la mort** Jamais personne n'est revenu à la vie pour raconter la mort ! La mort est une grande inconnue… et tout ce que l'on ne connaît pas nous inquiète. On a du mal à imaginer que le monde continuera de tourner sans nous. On a peur aussi de souffrir et d'être séparé de ceux qu'on aime. C'est normal. Mais on sait bien que tout ce qui vit, meurt un jour : la mort fait partie de la vie. Et si ça nous donnait encore plus envie, tant qu'on est là, de profiter de la vie ?

**La vie continue** Un jour, quand on est vieux, on s'arrête de vivre, parce que le corps est usé. On cesse de respirer. C'est le cycle de la vie : on naît, on grandit, puis on vieillit et on meurt. Mais d'autres nous remplacent : dans le monde, chaque seconde, il naît en moyenne quatre bébés et il meurt deux personnes. Il y a donc, chaque seconde, deux personnes de plus sur la Terre… La vie sur la Terre ne s'arrête jamais !



## CITATION

**« Nous mourrons quand nous aurons fini de vivre. »**
**(Françoise Dolto, pédiatre et psychanalyste)**

**C'est pas juste !** On meurt normalement quand on est très vieux : en Europe, on vit souvent plus de 80 ans. Mais la maladie, un accident, la guerre parfois, peuvent interrompre une vie. Quand une personne meurt jeune, on éprouve un grand sentiment d'injustice : on sait bien que tout le monde meurt un jour, mais on trouve cela plus normal de mourir âgé, quand on a eu le temps de profiter de sa vie.

**Un lien vivant** On a peur de voir mourir ceux qu'on aime. Être avec les gens qu'on aime, c'est ce qui rend la vie si belle. Quand un être cher disparaît, le lien avec lui qui était si doux, si agréable, si bon, est brisé. C'est une grande douleur. Mais on peut continuer à penser à lui. Tant que l'on pense à ceux qui nous ont quittés, on peut dire qu'ils n'ont pas fini d'être vivants.

### DICO
**Deuil**

**C'est la peine éprouvée à la mort de quelqu'un. Quand un être aimé disparaît, on dit souvent qu'il faut « faire son deuil ». Cela veut dire accepter la réalité de sa mort, le fait qu'on ne le reverra plus. Il faut du temps pour faire son deuil, pour surmonter sa douleur, sa tristesse et reprendre goût à la vie. C'est normal. L'entourage, la famille, les amis peuvent y aider.**

## Le mystère de la mort

Depuis toujours, et dans tous les pays, l'homme s'interroge sur ce qui se passe après la mort. Des croyances et des récits sur une vie dans l'« au-delà » existent depuis l'Antiquité. Pour beaucoup de croyants, la mort n'est pas la fin de tout. Pour certains, l'âme continue à vivre ; d'autres croient en la réincarnation. Que l'on croit, ou que l'on ne croit pas en un « au-delà », on peut tous croire en la vie, ici et maintenant : se dire que c'est une chance dont il faut profiter à chaque instant !

# La mort, c'est...

La mort rend triste, mais personne n'y échappe.

**La mort, c'est la fin de la vie, c'est tout ce que l'on sait.**

**On a du mal à imaginer qu'on n'existera plus un jour.**

**La mort, c'est le début d'une autre vie, pour certains croyants.**

Si on était immortel, on finirait par s'ennuyer.

On peut trouver ça normal de mourir... mais avoir peur quand même !

**Il faut profiter des gens qu'on aime, les voir souvent.**

La mort, moins on y pense et mieux on se porte !

La mort d'un enfant, c'est vraiment injuste.

## Ce serait formidable d'être immortel !

On ne sait pas quel jour on mourra, alors il faut profiter de chaque jour de la vie.

**Ça fait du bien de parler de ceux qu'on a aimés et qui nous ont quittés.**



Si tu as d'autres idées, complète sur une feuille de papier (ou dans un cahier) :
***« Pour moi la vie, c'est... », « Pour moi la mort, c'est... »***